Éloges pour
Comment l'Occident a amené la guerre en Ukraine

"Une explication brillante et remarquablement concise du danger créé par l'implication militaire des États-Unis et de l'OTAN en Ukraine. Un livre qui devrait être lu et médité par tout citoyen capable de penser rationnellement et de manière responsable à la sécurité américaine et européenne."
— **Jack F. Matlock, Jr.**, ancien ambassadeur des États-Unis en Union soviétique, auteur de *Superpower Illusions*

"Pour toute personne intéressée par la compréhension des véritables causes de la catastrophe en Ukraine, *Comment l'Occident a amené la guerre en Ukraine* est une lecture obligée. Abelow démontre clairement et de manière convaincante que les États-Unis et leurs alliés de l'OTAN — et non Vladimir Poutine — sont les principaux responsables."
— **John J. Mearsheimer,** auteur de *The Tragedy of Great Power Politics*, est Professeur émérite de Science politique à l'Université de Chicago

"C'est un magnifique petit livre, bien écrit, organisé logiquement, facile à lire et convaincant, mais avec les réserves qui s'imposent. Il s'agit d'une introduction inestimable aux tendances et aux événements qui ont mené à l'escalade et la guerre en Ukraine. Sans compréhension de l'histoire documentée dans ce livre, il n'y aura pas de désescalade dans la confrontation américano-russe aux frontières orientales de l'Europe."
— **Chas Freeman**, ancien Secrétaire adjoint à la Défense pour les Affaires de sécurité internationale, auteur de *Arts of Power: Statecraft and Diplomacy*

"Pour ceux qui se soucient de la sécurité nationale des États-Unis et de la paix en Europe, ce livre est une lecture essentielle."
> — **Le Colonel Douglas Macgregor** de l'Armée américaine (à la retraite), auteur de *Margin of Victory*, qui a été décoré pour bravoure lors de la bataille de 73 Easting en Irak et a été Directeur du Centre d'opérations interarmées de l'OTAN au SHAPE (Grand quartier général des puissances alliées en Europe)

"Un aperçu concis mais complet et accessible. Inestimable pour comprendre comment la guerre est revenue en Europe. Benjamin Abelow démontre que la crise en Ukraine était prévisible, prédite — et évitable."
> — **Richard Sakwa,** auteur de *Frontline Ukraine* et *The Putin Paradox*, est professeur de Science politique, spécialiste de la Russie et l'Europe, à l'Université du Kent

"Ben Abelow nous emmène au-delà des récits trompeurs et dans la vérité de la crise ukrainienne."
> — **Krishen Mehta,** Chercheur principal au programme Global Justice de l'Université de Yale, et directeur du Comité américain pour l'entente Américano-Russe

"Avec la guerre par procuration en Ukraine entre les États-Unis / l'OTAN et la Russie, nous sommes confrontés à une menace d'escalade nucléaire qui pourrait mettre fin à la civilisation humaine. Le livre d'Abelow est une lecture essentielle pour tous ceux qui souhaitent comprendre cette menace et pourquoi, 30 ans après l'effondrement de l'Union soviétique, elle a réapparu."
> — **Gilbert Doctorow,** auteur de *Mémoires d'un russologue*, est historien et spécialiste indépendant de la Russie basé à Bruxelles

"C'est un livre tellement important. Je l'ai lu trois fois. Il est d'une extraordinaire clarté non seulement de langage mais aussi de pensée. Je ne saurais trop le recommander."
— **Robert F. Kennedy Jr.**

COMMENT L'OCCIDENT A AMENÉ
LA GUERRE EN UKRAINE

COMMENT L'OCCIDENT A AMENÉ LA GUERRE EN UKRAINE

Comprendre comment les politiques des États-Unis et de l'OTAN ont conduit à la crise, la guerre, et au risque d'une catastrophe nucléaire

BENJAMIN ABELOW

Siland Press
Great Barrington, Massachusetts, USA

French translation © 2024 Benjamin Abelow
English original Copyright © 2022 Benjamin Abelow
All rights reserved

Tous droits réservés. Aucune partie de ce livre ne peut être copiée, enregistrée, numérisée, transmise, téléchargée ou distribuée sous quelque forme ou par quelque moyen que ce soit, ni stockée dans une base de données ou un système de récupération, sans l'autorisation écrite de l'auteur. De courts passages de texte peuvent être reproduits avec une citation appropriée dans le cadre d'œuvres plus importantes, telles que des critiques, des articles, des livres, des sites Web et des blogs. Pour des éclaircissements, des questions et des demandes de renseignements, veuillez envoyer un courriel à l'éditeur.

Siland Press
Great Barrington, Massachusetts
www.benjaminabelow.com

Avertissement : Des efforts minutieux ont été faits pour assurer l'exactitude des informations contenues dans ce livre. Cependant, étant donné que des erreurs humaines peuvent survenir et que les documents sources sous-jacents ou les sources secondaires contiennent parfois des erreurs, aucune garantie ne peut être offerte quant à l'exactitude de tout ce qui est contenu ici

Conception de la couverture par: Boja@99designs.

How the West Brought War to Ukraine (Anglais) ISBN : 978-0-9910767-0-3

Traduction française (Broché), *Comment l'Occident a amené la guerre en Ukraine* ISBN : 978-0-9910767-7-2

Traduction allemande (Broché) ISBN : 978-0-9910767-3-4

Édition audio disponible sur Audible

Numéro de contrôle à la Bibliothèque du Congrès : 2022911492

Données de l'éditeur Cataloging-in-Publication

Noms : Abelow, Benjamin, auteur
Titre : Comment l'Occident a amené la guerre en Ukraine : comprendre comment les politiques des États-Unis et de l'OTAN ont conduit à la crise, la guerre, et le risque d'une catastrophe nucléaire / Benjamin Abelow

Description : [Great Barrington, Massachusetts] : Siland Press, [2022] | Comprend des références bibliographiques et un index.
Identifiants : ISBN: 978-0-9910767-0-3 (broché) | 978-0-9910767-1-0 (ebook) |
LCCN: 2022911492

Identifiers: ISBN: 978-0-9910767-0-3 (paperback) | 978-0-9910767-1-0 (ebook) |
LCCN: 2022911492

Sujets : LCSH: Conflit ukrainien, 2014 | / États-Unis-Relations extérieures-Russie (Fédération | / Organisation du Traité de l'Atlantique Nord. / Organisation du Traité de l'Atlantique Nord—Ukraine. / Europe—Relations extérieures—Russie (Fédération) - 21ème siècle. / Pays occidentaux-Relations extérieures-Russie (Fédération) - 21ème siècle. / Sécurité nationale-Europe. / Sécurité nationale - États-Unis. / Russie (Fédération)—Relations extérieures-21ème siècle. / Sécurité, International-Europe-Histoire-21ème siècle. / Crise des missiles cubains, 1962. / Guerre d'Ossétie du Sud, 2008. / Contrôle des armes nucléaires. / Contrôle des crises nucléaires. / Guerre nucléaire. / Géopolitique. / États baltes-Aspects stratégiques. / Politique mondiale. / Relations internationales. / Sciences politiques. / BISAC : HISTOIRE / Guerres et conflits / Général. / SCIENCES POLITIQUES / Relations internationales / Général. / SCIENCE POLITIQUE / Sécurité (Nationale et internationale | / SCIENCE POLITIQUE / Monde / Russie et ex-Union soviétique.

Classification : LCC : DK508.852.A24 2022 | DDC : 947.7086--dc23

Remerciements

Pour avoir répondu à des questions techniques, commenté des ébauches ou fourni d'autres types d'aide, je tiens à remercier le major Brennan Deveraux, Jay R. Feierman, Richard Sakwa, Gilbert Doctorow, George Goss, Nicolas Martin, Viktoryia Baum, David Sharp, Cédric Gaultier, Pam Auerbach, Mark McCarty, John Hayden, Alex Tabarrok, Adam Abelow, Kimberly Peticolas et Jonathan Rubin. L'inclusion d'un nom ici n'implique pas l'approbation des idées exprimées dans ce livre. Tous les points de vue, ainsi que toute erreur éventuelle concernant un fait, une interprétation ou un jugement, relèvent de la seule responsabilité de l'auteur.

Table des matières

Aperçu 1
Introduction : Comment le récit alimente la guerre 3
1. Provocations occidentales : 1990-2014 13
2. Provocations occidentales : 2014-2022 21
3. Que se passerait-il si les rôles étaient inversés ? 29
4. Inquiétudes russes quant à une première frappe américaine 35
5. Les experts en géopolitique ont mis en garde contre l'élargissement de l'OTAN 41
6. Les décideurs russophobes persistent dans leurs erreurs du passé 51
7. Comment les récits trop pessimistes se muent en prophéties auto-réalisatrices 55
8. Que se serait-il passé si nous avions agi différemment? — et conclusion 61
Sources 69
Index 77
À propos de l'Auteur 81
Note au lecteur 81

Aperçu

Depuis près de 200 ans, et la formulation de la doctrine Monroe en 1823, les États-Unis ont avancé des revendications de sécurité sur pratiquement la totalité de l'hémisphère occidental. Toute puissance étrangère qui envisage de placer ses forces militaires à proximité du territoire des États-Unis sait qu'elle franchit une ligne rouge. La politique menée par les États-Unis concrétise donc leur conviction que *l'endroit* où un adversaire potentiel déploie ses forces militaires est d'une importance capitale. En fait, ce principe constitue l'une des pierres angulaires de la politique étrangère et militaire américaine, et sa violation est considérée comme un motif de guerre.

Pourtant, en ce qui concerne la Russie, les États-Unis et leurs alliés de l'OTAN ont agi depuis des décennies au mépris de ce même principe. Ils ont progressivement avancé le déploiement de leurs forces militaires vers la Russie, jusqu'à ses frontières mêmes. Ils l'ont fait avec une attention insuffisante et parfois un mépris total pour la façon dont les dirigeants russes pourraient percevoir ces avancées. Si la Russie avait entrepris des démarches équivalentes à l'égard du territoire des États-Unis — par exemple en plaçant ses forces militaires au Canada ou au Mexique — Washington serait entré en guerre et aurait justifié cette guerre comme une réponse défensive à la menace militaire d'une puissance étrangère à sa frontière.

À la lumière de ces considérations, l'invasion de l'Ukraine par la Russie n'apparaît pas comme l'expansionnisme effréné d'un dirigeant russe malveillant, mais comme une réaction, violente et destructrice, à des politiques occidentales malavisées : une tentative de rétablir une zone autour de la frontière occidentale de la Russie qui soit exempte de menaces de la part des États-Unis et de leurs alliés. Ayant mal compris pourquoi la Russie a envahi l'Ukraine, l'Occident fonde maintenant ses décisions existentielles sur des prémisses fausses. Ce faisant, il aggrave la crise et avance peut-être en somnambule vers une guerre nucléaire.

Cette thèse, que je vais présenter en détail, est basée sur les analyses d'un certain nombre d'universitaires, de responsables gouvernementaux et d'observateurs militaires, que j'introduis ici et citerai tous au cours de l'exposé. Il s'agit notamment de John Mearsheimer, Stephen F. Cohen, Richard Sakwa, Gilbert Doctorow, George F. Kennan, Chas Freeman, Douglas Macgregor et Brennan Deveraux.

Introduction :
Comment le récit alimente la guerre

Dans les mois qui ont suivi l'invasion de l'Ukraine par la Russie, l'explication avancée pour justifier l'implication des États-Unis dans la guerre a évolué. Ce qui avait été présenté comme un effort humanitaire limité pour aider l'Ukraine à se défendre s'est transformé pour inclure un objectif supplémentaire : réduire à néant la capacité de la Russie à mener une nouvelle guerre dans le futur.

En réalité, cet objectif stratégique était peut-être déjà préexistant au départ. En mars 2022, plus d'un mois avant l'annonce de la nouvelle politique américaine, Chas Freeman, ancien Secrétaire adjoint à la Défense pour les Affaires de sécurité internationale, a observé ceci :

> Tout ce que nous faisons, plutôt que d'accélérer la fin des combats et l'obtention d'un compromis, semble viser à prolonger les combats, à aider la résistance ukrainienne — ce qui est une noble cause, je suppose, mais provoquera de nombreux morts côté ukrainien ainsi que côté russe.[1]

L'observation de Freeman a mis en évidence une vérité inconfortable : les deux objectifs de guerre des États-Unis ne sont pas vraiment compatibles. Alors qu'un effort humanitaire viserait à limiter les destructions et à mettre un terme rapide au conflit, l'objectif stratégique d'affaiblir la Russie implique une guerre prolongée avec un maximum de destruction, une guerre qui coûte à la Russie le plus possible d'hommes et de matériel militaire et la saigne à blanc sur le champ de bataille. Freeman résume la contradiction par une boutade sombrement ironique "Nous nous battrons jusqu'au dernier Ukrainien pour l'indépendance de l'Ukraine".

Le nouvel objectif militaire américain place les États-Unis dans une posture de confrontation directe avec la Russie. Le but poursuivi est à présent de paralyser voire d'amputer une partie de l'État russe, son armée. Depuis le début de la guerre, l'administration Biden et le Congrès ont alloué plus de 100 milliards de dollars d'aide à l'Ukraine, en majorité militaire. Des responsables américains ont révélé que les renseignements fournis par Washington avaient permis l'assassinat d'une douzaine de généraux russes en Ukraine, ainsi que le naufrage du Moskva, le navire amiral de la flotte russe de la mer Noire, tuant 40 marins russes et en blessant 100. Les alliés européens des États-Unis se sont alignés, augmentant considérablement le nombre et la létalité des armes qu'ils expédient. Les dirigeants britanniques ont cherché à étendre le champ de bataille, encourageant ouvertement l'armée ukrainienne à utiliser les armes occidentales pour attaquer les lignes d'approvisionnement intérieures de la Russie.

Le 27 février 2022, trois jours après le début de l'invasion, le président russe Vladimir Poutine a annoncé qu'en réponse aux "déclarations agressives" des dirigeants occidentaux, il avait relevé le niveau d'alerte de ses forces nucléaires. Peu après, un proche collaborateur médiatique de M. Poutine a averti le Premier ministre britannique que ses déclarations et ses actions risquaient de soumettre l'Angleterre à un tsunami radioactif provoqué par l'une des torpilles nucléaires russes d'attaque côtière. Ceci et d'autres avertissements russes relatifs à une guerre nucléaire ont été rejetés par la plupart des médias occidentaux comme de la simple propagande. Pourtant, dans les 24 heures suivant l'annonce de M. Poutine le 27 février, l'armée américaine a relevé son niveau d'alerte à Defcon 3 pour la première fois depuis l'attaque de 2001 contre les tours du World Trade Center [2]. Il en résulte que les deux pays se sont rapprochés d'un état de préparation au combat impliquant le lancement sur alerte d'ogives nucléaires, augmentant ainsi le risque qu'un accident, une erreur de calcul politique ou une erreur informatique puisse conduire à un échange nucléaire.

De plus, il faut se demander ce qui se passerait si la Russie commençait à perdre et si ses capacités militaires venaient à être détériorées au point où Moscou se percevrait comme vulnérable à une invasion. Dans cette situation, l'état-major russe envisagerait plus que probablement l'usage d'armes nucléaires tactiques de charge limitée pour détruire les forces ennemies. Ainsi, en mai 2022, le Directeur du Renseignement national des États-Unis, dans son témoignage devant la Commission des Forces armées du Sénat, a déclaré que M. Poutine pourrait utiliser des armes nucléaires s'il y avait "de son point de vue, une menace existentielle pour son régime et pour la Russie". Cela pourrait arriver "s'il percevait qu'il était en train de perdre la guerre."[3] Si la Russie utilisait des armes nucléaires, la pression pour une réponse nucléaire occidentale, suivie d'une nouvelle escalade, pourrait être irrésistible. Pourtant, cette situation — la défaite et le démembrement de la Russie — *est exactement le nouvel objectif stratégique que les Américains se sont fixé.*

Enfin, il faut se demander ce qui se passerait si la guerre se prolongeait au point où l'opposition à M. Poutine au sein des élites russes conduisait à son éviction du pouvoir. Nous parlons ici de l'objectif tant vanté du "changement de régime", qui est recherché aux États-Unis par une alliance informelle de néoconservateurs républicains et d'interventionnistes libéraux démocrates. L'hypothèse semble être que M. Poutine serait remplacé par une marionnette docile et effacée, subordonnée aux intérêts américains. Gilbert Doctorow — analyste politique indépendant basé à Bruxelles et détenteur d'un doctorat en histoire russe — fait cette mise en garde :

> Faites attention à ce que vous souhaitez. La Russie possède plus d'armes nucléaires que les États-Unis. La Russie possède des armes plus modernes que les États-Unis. La Russie peut réduire les États-Unis en cendres en une demi-heure. Est-ce un pays dans lequel vous voulez créer des troubles ? De plus, si [M. Poutine] devait être renversé, qui prendrait sa place ? Un petit poussin ? Un nouvel ivrogne comme [le premier président russe Boris] Eltsine ? Ou quelqu'un qui serait un Rambo prêt à presser la détente ?... Je pense qu'il est extrêmement imprudent pour un pays comme les États-Unis de rechercher un changement de régime dans un pays comme la Russie. C'est presque suicidaire.[4]

Que l'éviscération de l'armée russe ait été ou non le plan américain depuis le départ, cette politique n'est pas surprenante car elle découle logiquement, et même de façon prévisible, d'un récit occidental global sur la Russie qui a déjà été largement accepté. Selon cette narration des faits, M. Poutine est un expansionniste insatiable dont les décisions ne sont motivées par aucune considération plausible de sécurité nationale. Ce narratif dépeint M. Poutine comme

Introduction : Comment le récit alimente la guerre

un nouvel Hitler, et l'entrée de la Russie en Ukraine s'apparente à l'agression nazie de la Seconde Guerre mondiale. De même, cette lecture des événements dépeint toute volonté occidentale de faire des compromis et de négocier une fin rapide au conflit comme un vœu pieux et une politique d'apaisement. Le nouvel objectif militaire de l'Amérique émane donc directement des perceptions occidentales sur les motivations de Moscou et les causes de la guerre.

Et donc une question cruciale se pose : le récit occidental décrivant la guerre en Ukraine est-il correct ? Si oui, alors les politiques occidentales pourraient sans doute être pertinentes, même si elles impliquent un certain risque de conflit nucléaire. En revanche, si le récit est erroné, alors l'Occident fonde ses décisions existentielles sur des prémisses fausses. Si le récit est faux, un compromis rapidement négocié, qui épargnerait la vie des combattants et des civils, et réduirait aussi considérablement le risque de guerre nucléaire, ne représenterait pas une politique d'apaisement. Ce serait plutôt une nécessité pratique, voire une obligation morale. Enfin, si le récit occidental décrivant les motivations de la Russie est erroné, alors les actions que l'Occident entreprend actuellement risquent d'aggraver la crise et de mener effectivement à une guerre nucléaire.

Dans cet essai, je soutiens que le récit occidental est incorrect. À des égards cruciaux, cette relation des faits est le contraire de la vérité. La cause sous-jacente de la guerre ne réside pas dans un expansionnisme effréné de M. Poutine, ni dans les délires paranoïaques des stratèges militaires du Kremlin, mais bien dans 30 ans de provocations occidentales envers la Russie, lesquelles ont commencé au moment de la dissolution de l'Union soviétique et se sont poursuivies jusqu'au début de la guerre. Ces provocations ont placé la Russie dans une situation si intenable que la guerre a semblé à M. Poutine et à son état-major la seule solution viable. En soutenant cette thèse, j'accorde une attention particulière aux États-Unis — et je les soumets à des critiques particulièrement vives — car ils ont joué un rôle décisif dans l'élaboration de la politique occidentale.

En critiquant l'Occident, mon but n'est pas de justifier l'invasion de Moscou ou d'exonérer les dirigeants russes. Loin de moi l'idée de défendre M. Poutine. Malgré tout ce que je dirai, je crois qu'il avait des alternatives à la guerre. Mais *je veux le comprendre* — dans le sens de chercher à évaluer rationnellement la séquence causale qui l'a amené à lancer cette guerre.

Qu'ai-je à l'esprit lorsque je parle de "provocations occidentales" ? Il est souvent suggéré que l'élargissement de l'OTAN aux pays d'Europe de l'Est a attisé les tensions. Cette affirmation est correcte mais incomplète. Pour commencer, les répercussions de l'expansion de l'OTAN restent trop souvent des idées abstraites, la menace réelle pour la Russie n'étant pas correctement appréciée. Dans le même temps, les États-Unis et leurs alliés, à la fois individuellement et en coordination les uns avec les autres, ont également mené des actions militaires provocatrices qui ne sont pas directement le fait de l'OTAN. Il est important de se concentrer sur l'OTAN, mais ne s'intéresser qu'à elle occulte la portée réelle et la gravité de la problématique sécuritaire que l'Occident a créée pour la Russie.

En guise d'aperçu, je commencerai par énumérer les principales provocations occidentales, que j'expliquerai et commenterai au cours de cet essai. Au cours des trois dernières décennies, les États-Unis, parfois seuls, parfois avec leurs alliés européens, ont fait ce qui suit :

Introduction : Comment le récit alimente la guerre

- Ils ont élargi l'OTAN de plus de 1600 kilomètres à l'Est, la poussant vers les frontières de la Russie, au mépris des assurances précédemment données à Moscou.

- Ils se sont retirés unilatéralement du traité de 1972 sur les missiles antibalistiques (ABM) et ont installé des systèmes de lancement antibalistiques dans les pays nouvellement membres de l'OTAN. Ces lanceurs peuvent également accueillir et tirer des armes nucléaires offensives sur la Russie, telles que les missiles de croisière Tomahawk à tête nucléaire.

- Ils ont aidé à jeter les bases d'un coup d'État armé d'extrême droite en Ukraine, et peut-être en ont-ils été directement les instigateurs. Ce coup d'État a remplacé un gouvernement pro-russe démocratiquement élu par un gouvernement pro-occidental non élu.

- Ils ont mené d'innombrables exercices militaires de l'OTAN à proximité de la frontière russe. Ceux-ci incluaient, par exemple, des exercices à tir réel de missiles dont le but était de simuler des attaques contre des systèmes de défense antiaérienne à l'intérieur du territoire russe.

- Ils ont affirmé, sans nécessité stratégique pressante, et au mépris de la menace qu'une telle décision entraînerait pour la Russie, que l'Ukraine intégrerait l'OTAN. Par la suite, l'Alliance a refusé de renoncer à cette politique de la porte ouverte, même si cela aurait pu éviter la guerre.

- Ils se sont retirés unilatéralement du traité de 1987 sur les forces nucléaires à portée intermédiaire (FNI), augmentant la vulnérabilité de la Russie à une première frappe américaine.

- Ils ont armé et entraîné l'armée ukrainienne par le biais d'accords bilatéraux et organisé régulièrement des exercices militaires conjoints en Ukraine. L'objectif était de produire une interopérabilité militaire avec l'OTAN avant même d'y admettre officiellement l'Ukraine.

- Ils ont conduit les dirigeants ukrainiens à adopter une posture intransigeante envers la Russie, exacerbant encore la menace perçue par celle-ci et exposant l'Ukraine à un retour de flamme militaire russe.

En raison de la profondeur de la crise, parce qu'elle a évolué sur une période de plusieurs décennies, et parce que l'éventualité d'une guerre thermonucléaire — une guerre menée avec des bombes à hydrogène — entraîne une menace existentielle pour tous les pays impliqués, ainsi que pour l'humanité dans son ensemble, je développerai ma thèse aussi clairement et systématiquement que possible. Je structure cet essai en huit courts chapitres, qui construisent l'argumentaire par étapes.

Le chapitre 1 examine chronologiquement les provocations occidentales envers la Russie au cours de la période 1990-2014. Le chapitre 2 étend cette enquête jusqu'au début de l'invasion russe en février 2022. Le chapitre 3 interroge la manière dont les États-Unis réagiraient si les rôles étaient inversés — c'est-à-dire si la Russie agissait envers les États-Unis comme l'Occident a agi envers elle. Le chapitre 4 décrit les implications pour la sécurité russe du retrait américain du traité sur les missiles nucléaires à portée intermédiaire de 1987.

Le chapitre 5 explique comment des experts américains en géopolitique ont averti clairement que l'élargissement de l'OTAN conduirait à un désastre. Le chapitre 6 décrit

Introduction : Comment le récit alimente la guerre

comment les responsables de l'échec de la politique d'élargissement de l'OTAN persistent maintenant dans leurs erreurs. Le chapitre 7 explique comment les perceptions trop pessimistes quant aux intentions d'adversaires potentiels ont tendance à devenir des prophéties auto-réalisatrices. Le chapitre 8 considère ce qui aurait pu se passer si l'Occident avait agi différemment et aborde également la question de savoir qui est le principal responsable de la catastrophe en cours en Ukraine.

1.
Provocations occidentales : 1990-2014

L'histoire commence en 1990, alors que la fin de l'Union soviétique était proche. Les dirigeants occidentaux ont cherché à réunifier l'Allemagne de l'Est avec celle de l'Ouest sous les auspices de l'OTAN, ce qui exigeait que les Russes acceptent de retirer leurs quelques 400 000 soldats d'Allemagne de l'Est. Pour apaiser Moscou, les dirigeants occidentaux ont fait savoir que l'OTAN ne s'élargirait pas vers l'Est en direction de la frontière russe.

Selon une analyse des Archives de la Sécurité Nationale de l'Université George Washington, où nombre de documents déclassifiés en rapport avec la question sont mis à disposition du public, "une cascade d'assurances quant à leur sécurité [ont été] données par les dirigeants occidentaux à Gorbatchev et à d'autres responsables soviétiques tout au long du processus de réunification allemande en 1990 et jusqu'en 1991". Ces assurances concernaient non seulement la question du non-élargissement de l'OTAN en Allemagne de l'Est, comme on l'affirme parfois, mais aussi la non-expansion de l'OTAN dans les pays d'Europe de l'Est. Néanmoins, en quelques années, l'OTAN a commencé à s'étendre vers la frontière russe. Bien que les assurances occidentales n'aient pas été instanciées dans des traités formels, "les plaintes ultérieures des Soviétiques puis des Russes, d'avoir été trompés au sujet de l'élargissement de l'OTAN" n'étaient pas simplement de la propagande russe, mais au contraire "se retrouvent dans les [mémorandums] écrits contemporains aux plus hauts niveaux" des gouvernements occidentaux.[5]

Une conclusion similaire a été tirée par Joshua R. Shifrinson dans la revue *International Security*. Shifrinson décrit comment il a vu les preuves que "les États-Unis ont trompé l'Union soviétique" et contrevenu à l'esprit des négociations.[6] Lors d'une interview au Belfer Center de la Harvard Kennedy School, Shifrinson décrit ses études d'archive :

> J'ai pu voir, simultanément, ce qui était dit en face aux Soviétiques et ce que les États-Unis se disaient en aparté. De nombreux Russes ont affirmé à plusieurs reprises qu'un engagement informel de non-élargissement avait été offert par les États-Unis en 1990. Or au cours des 25 dernières années, les décideurs occidentaux, du moins aux États-Unis, ont affirmé avec véhémence : "Non, nous n'avons pas donné d'engagement informel, et rien n'a été écrit et cela n'a pas été signé, donc peu importe si [nous] l'avons dit". Et ce que j'ai trouvé [dans les archives], c'est que la description faite par les Russes de ce qui s'est passé est fondamentalement exacte.[7]

En décrivant cet épisode, je ne suggère pas que les assurances occidentales étaient juridiquement contraignantes, ni que le non-respect de ces assurances explique pleinement l'invasion de l'Ukraine par la Russie. En fait, la question des discussions américaines, européennes et soviétiques en 1990 et 1991 sur l'élargissement de l'OTAN reste un sujet de débat.[8] Je veux simplement noter que l'Occident a agi de manière calculée en vue de tromper Moscou et que cet épisode a jeté les bases, chez les dirigeants russes, d'un sentiment évoluant vers le fait que l'on ne pouvait pas faire confiance à l'OTAN, et aux États-Unis en particulier.

Bien que le projet d'un élargissement de l'OTAN soit devenu clair dès le milieu des années 90, la première étape décisive a eu lieu en 1999, lorsque trois pays d'Europe de l'Est (La Tchéquie, la Hongrie et la Pologne) ont officiellement adhéré à l'OTAN. Dans une récente interview, le colonel de l'armée de terre (à la retraite) et docteur en relations internationales Douglas Macgregor, qui fut un commandant de renom en Irak et contribua à élaborer la stratégie militaire américaine pour l'Europe, a commenté l'adhésion de l'un de ces pays :

> Lorsque nous avons décidé en 1999 de faire entrer la Pologne … les Russes étaient très inquiets — pas tant parce que l'OTAN était hostile à l'époque, mais parce qu'ils savaient que la Pologne l'était. La Pologne a une longue histoire d'hostilité envers la Russie. La Pologne était, à ce stade, un catalyseur potentiel pour une guerre avec la Russie.[9]

En 2001, deux ans après l'adhésion de ce premier groupe de pays à l'OTAN, le président George W. Bush a unilatéralement retiré les États-Unis du traité sur les missiles antibalistiques (ABM). Puis, en 2004, d'autres pays d'Europe de l'Est, dont la Roumanie et l'Estonie, ont intégré l'alliance. À ce stade, l'OTAN s'était étendue de près de 1600 kilomètres en direction de la Russie.

En 2008, lors du sommet de l'alliance à Bucarest, en Roumanie, dans la déclaration appelée Mémorandum de Bucarest, l'OTAN a annoncé son intention d'admettre en son sein l'Ukraine et la Géorgie, toutes deux limitrophes de la Russie. Bien que les membres européens de l'OTAN aient émis de sérieuses réserves, l'administration du président

George W. Bush a utilisé la position dominante des États-Unis au sein de l'alliance pour faire avancer la question, et la déclaration sans équivoque suivante a été incluse dans le mémorandum : "Nous avons convenu aujourd'hui que ces pays [l'Ukraine et la Géorgie] deviendront membres de l'OTAN". Cependant, aucune mesure formelle pour faire entrer les deux pays n'a été prise à l'époque.

Dès le début, la Russie a considéré les entrées potentielles de l'Ukraine et de la Géorgie au sein de l'OTAN comme des menaces existentielles. L'Ukraine partage une frontière terrestre de près de 2000 kilomètres avec la Russie, dont certaines portions ne se situent qu'à 600 kilomètres de Moscou. Dans un télégramme envoyé à Washington en 2008, l'ambassadeur des États-Unis en Russie de l'époque, William J. Burns, qui est actuellement directeur de la CIA, a décrit sa rencontre avec le ministre russe des Affaires étrangères. Burns y nota que la Russie considérait l'adhésion à l'OTAN de l'Ukraine et de la Géorgie comme une limite à ne pas franchir. Ce constat apparaît sans équivoque dans le titre donné par Burns à son message télégraphique : "Niet c'est niet [Non c'est non] : les lignes rouges pour la Russie quant à l'élargissement de l'OTAN". Burns écrivit notamment ceci : "Non seulement la Russie perçoit un encerclement, ainsi que des efforts pour saper son influence dans la région, mais elle craint également des développements imprévisibles et incontrôlés qui porteraient gravement atteinte à ses intérêts en matière de sécurité."[10]

En août 2008, quatre mois après l'annonce de l'OTAN sur l'Ukraine et la Géorgie, l'armée russe est entrée en Géorgie et a mené une brève guerre avec les forces géorgiennes (la "guerre de cinq jours" ou "guerre russo-géorgienne"). La cause immédiate de l'incursion russe était que l'armée géorgienne — financée, armée et entraînée par les États-Unis — avait lancé un assaut massif d'artillerie et de roquettes de quatorze heures sur un district géorgien semi-autonome (l'Ossétie du Sud). Ce district est limitrophe de la Russie et entretient des relations étroites avec elle. Il convient de noter que l'assaut a eu lieu quelques jours seulement après que les États-Unis aient mené un exercice militaire mobilisant 2000 hommes en Géorgie. Les représentants officiels et les médias américains ont parfois qualifié à tort l'incursion russe en Géorgie d'invasion non provoquée.[11]

Outre la provocation immédiate constituée par l'attaque géorgienne sur l'Ossétie du Sud, l'action de la Russie était, plus généralement, une réponse à l'empiètement sur sa frontière par la puissance militaire occidentale, et par l'OTAN en particulier, sous l'impulsion des États-Unis. Comme l'a expliqué le colonel Macgregor :

> En fin de compte, les Russes sont intervenus en Géorgie, et le but de cette intervention était de nous signaler [aux États-Unis] qu'ils ne toléreraient pas un membre de l'OTAN à leurs frontières, en particulier un membre qui leur était hostile, comme à l'époque le gouvernement géorgien l'était. Donc, je pense que ce à quoi nous avons affaire maintenant [la guerre en Ukraine] est exactement le résultat que craignait l'ambassadeur Burns lorsqu'il a écrit "Niet c'est niet".[12]

Fin 2013 et début 2014, des manifestations antigouvernementales sur la place de l'Indépendance à Kiev, soutenues par les États-Unis, ont été subverties par de violents provocateurs. La violence a culminé par un coup d'État au cours duquel des militants d'extrême-droite ukrainiens ultra-nationalistes armés ont pris le contrôle des bâtiments gouvernementaux et forcé le président pro-russe démocratiquement élu Victor Ianoukovitch à fuir le pays. John Mearsheimer, professeur de sciences politiques à l'Université de Chicago, a décrit le résultat :

> "Le nouveau gouvernement à Kiev était pro-occidental et fondamentalement antirusse, et il contenait quatre membres de haut rang qui pouvaient légitimement être qualifiés de néofascistes".[13]

Les États-Unis ont joué un rôle dans ces événements, bien que l'étendue de leur implication, et le fait qu'ils aient été ou non les instigateurs directs de la violence, ne seront peut-être jamais connus du public. Ce que l'on sait avec certitude, c'est que depuis 1991, les États-Unis avaient investi cinq milliards de dollars dans des actions pro-démocratiques choisies par leurs soins en Ukraine[14] et qu'ils travaillaient en coulisse, un mois avant le coup d'État, pour déterminer qui remplacerait le président en exercice. Ce dernier fait a été révélé lorsqu'un appel téléphonique entre la Secrétaire d'État adjointe Victoria Nuland et l'ambassadeur américain en Ukraine Geoffrey Pyatt a été piraté ou a été l'objet d'une fuite, et l'enregistrement a été mis en ligne.[15] Au cours de l'appel, Nuland a utilisé un juron en référence à l'UE, ce qui a créé des tensions entre Washington et les capitales européennes. Comme l'a fait remarquer feu Stephen F. Cohen, éminent professeur d'études russes des Universités de Princeton et de New York :

> Comme on pouvait s'y attendre, les médias se sont concentrés sur la source de la fuite et sur la gaffe verbale de Nuland — "Fuck the EU". Mais la révélation essentielle était que de hauts responsables américains complotaient pour composer de toutes pièces un nouveau gouvernement antirusse en évinçant ou en neutralisant [le] président démocratiquement élu…[16]

Quel que soit le rôle exact des États-Unis, la Russie a correctement perçu que l'Amérique était profondément impliquée — certainement en jetant les bases du coup d'État, et peut-être en fomentant la violence. En réponse, et en partie en raison de sa crainte fondée que le gouvernement post-coup d'État ou ses partenaires occidentaux tenteraient de lui interdire l'utilisation de sa base navale stratégique à Sébastopol en Crimée — accès que la Russie avait précédemment négocié — la Russie a annexé la péninsule. John Mearsheimer a écrit à ce sujet :

> Comme le note l'ancien ambassadeur à Moscou Michael McFaul, l'annexion de la Crimée par M. Poutine n'avait pas été pas planifiée de longue date : c'était une décision impulsive en réaction au coup d'État qui a renversé le dirigeant ukrainien pro-russe. En fait, jusque-là, l'élargissement de l'OTAN avait pour objectif de transformer toute l'Europe en une gigantesque zone de paix, et non de contenir une Russie dangereuse. Une fois que la crise [de Crimée] a commencé, cependant, les décideurs américains et européens ne pouvaient pas admettre qu'ils l'avaient provoquée en essayant d'intégrer l'Ukraine à l'Occident. Ils ont alors décrété que la véritable source du problème était le revanchisme de la Russie et son désir de dominer sinon de conquérir l'Ukraine.[17]

2.
Provocations occidentales : 2014–2022

Bien que certaines ou toutes les provocations occidentales décrites ci-dessus soient largement reconnues en Occident, il est parfois prétendu qu'aucune nouvelle provocation ne s'est produite après 2014. Cette affirmation est généralement formulée dans le cadre d'un argumentaire plus large selon lequel, puisque huit années se sont écoulées entre le coup d'État de 2014 et l'invasion russe de 2022, on pourrait ignorer les explications selon lesquelles M. Poutine est motivé par des préoccupations de sécurité nationale. En réalité, les provocations occidentales contre la Russie ont continué après 2014. Elles se sont même intensifiées, changeant de nature et revêtant un caractère plus directement menaçant pour la Russie.

Après que la Russie eut pris le contrôle de la Crimée, les États-Unis ont lancé un programme massif d'aide militaire à l'Ukraine. Selon le Service de recherche du Congrès américain, depuis 2014, le montant cumulé, sans inclure la majeure partie de l'aide militaire initiée depuis le début de la guerre de 2022, s'élève à plus de quatre milliards de dollars, la plupart provenant du Département d'État et du Département de la Défense.[18] L'un des objectifs de ce financement a été "d'améliorer l'interopérabilité avec l'OTAN" — indépendamment du fait que l'Ukraine n'était pas (encore) membre de l'OTAN.

En 2016, appliquant leur abrogation préalable du traité ABM qui interdisait les missiles antibalistiques, les

États-Unis ont mis en service un site ABM en Roumanie. Bien que défensif en apparence, le système ABM utilise les lanceurs de missiles Mark-41 "Aegis", qui peuvent accueillir différents types de missiles : non seulement des ABM, conçus pour abattre les missiles balistiques entrants, mais — et c'est essentiel — également des armes offensives à tête nucléaire, comme les missiles de croisière Tomahawk. Avec une portée de 2400 kilomètres, les Tomahawks peuvent frapper Moscou et d'autres cibles au plus profond de la Russie, et peuvent porter des ogives contenant des bombes thermonucléaires avec une charge allant jusqu'à 150 kilotonnes, soit environ dix fois la charge de la bombe atomique qui a détruit Hiroshima. Un site Aegis similaire est en construction en Pologne, dont la mise en service était initialement prévue pour fin 2022. Les lanceurs Aegis de chaque site peuvent chacun accueillir 24 missiles, ce qui donne la possibilité aux États-Unis de tirer 48 missiles de croisière Tomahawk sur la Russie à relativement courte portée.

M. Poutine a été catégorique sur le fait que la présence de ces lanceurs Aegis à capacité offensive près de la frontière russe constitue un danger direct pour la Russie. Les États-Unis affirment que les sites ABM sont destinés à intercepter les missiles visant l'Europe en provenance d'Iran ou de Corée du Nord. Mais étant donné la capacité des lanceurs à fonctionner comme des armes offensives à proximité de la frontière russe, un objectif américain, en plaçant ces sites ABM, et vraisemblablement l'objectif principal, pourrait être d'appliquer une pression offensive supplémentaire sur Moscou tout en maintenant un déni plausible qu'une telle menace soit intentionnelle.

La réponse américaine aux préoccupations de M. Poutine concernant les sites ABM a été d'affirmer que les États-Unis n'ont pas l'intention de configurer les lanceurs pour un usage offensif. Mais cette réponse exige que les Russes accordent du crédit aux déclarations d'intention des États-Unis, même en cas de crise, plutôt que de juger la menace par le potentiel offensif des systèmes. Pour ne rien ajouter au sentiment de sécurité des Russes, la fiche de commercialisation de l'Aegis par Lockheed Martin, la société qui fabrique le lanceur, indique ceci : "le système est conçu pour accepter n'importe quel missile dans n'importe quelle cellule — une capacité qui offre une flexibilité inégalée."[19].

En 2017, l'administration du président Donald J. Trump a commencé à vendre des armes létales à l'Ukraine. Il s'agissait d'un changement par rapport à la politique de 2014-2017, selon laquelle seul du matériel militaire non létal était vendu (par exemple, des gilets pare-balles et différents types de matériel technique). L'administration Trump a décrit les nouvelles ventes comme "défensives". Cependant, lorsqu'elles sont appliquées aux armes létales, les catégories "offensives" et "défensives" existent principalement dans l'esprit de celui qui observe : l'arme est défensive pour celui qui la tient, mais offensive pour celui qui est dans son collimateur. Comme l'a noté John Mearsheimer, "ces armes semblaient certainement offensives pour Moscou".[20]

En 2019, les États-Unis se sont retirés unilatéralement du traité de 1987 sur les armes nucléaires à portée intermédiaire. Je discuterai l'importance stratégique de ce retrait au Chapitre 4.

Les États-Unis n'ont pas été les seuls à initier des ventes d'armes létales à l'Ukraine et à se coordonner militairement avec celle-ci, alors même qu'elle n'était pas encore membre de l'OTAN. Mearsheimer a noté ceci :

D'autres pays de l'OTAN ont participé, expédiant des armes à l'Ukraine, entraînant ses forces armées et lui permettant de participer à des exercices aériens et navals conjoints. En juillet 2021, l'Ukraine et les États-Unis ont organisé conjointement un grand exercice naval dans la région de la mer Noire impliquant les marines de 32 pays. L'opération Sea Breeze a failli provoquer un tir russe sur un destroyer de la marine britannique qui a délibérément pénétré dans ce que la Russie considère comme ses eaux territoriales.[21]

Alors même que les pays occidentaux, agissant en dehors de l'OTAN, ont armé, entraîné et se sont coordonnés avec l'armée ukrainienne, l'OTAN elle-même poursuivait agressivement ses exercices militaires à proximité de la frontière russe. Par exemple, en 2020, l'OTAN a mené un exercice militaire à tir réel en Estonie. L'exercice s'est déroulé à 100 kilomètres de la frontière russe, avec des missiles tactiques d'une portée allant jusqu'à 300 kilomètres. Ces armes peuvent frapper la Russie avec un temps d'avertissement minimal. En 2021, toujours en Estonie, l'OTAN a tiré 24 missiles pour simuler une attaque prenant pour cible des défenses antiaériennes à l'intérieur du territoire russe.[22] Bien que l'Occident prétende que de tels missiles ne seraient utilisés qu'à la suite d'une attaque de la Russie, aucun planificateur militaire prudent ne risquerait la sécurité de sa nation sur les déclarations d'intention d'un ennemi potentiel ; ce planificateur se pencherait plutôt sur la capacité offensive et la localisation du matériel militaire en question.

Alors qu'elle poursuivait activement ces initiatives militaires, l'OTAN a continué d'affirmer que l'Ukraine adhérerait à l'alliance. Lors d'une réunion en juin 2021 à Bruxelles, l'OTAN a réaffirmé son engagement: "Nous réitérons la décision prise au sommet de Bucarest en 2008 selon laquelle l'Ukraine deviendra membre de l'Alliance."[23] Deux mois plus tard, en août 2021, le Secrétaire à la Défense des États-Unis et le ministre ukrainien de la Défense ont signé le Canevas de Défense Stratégique États-Unis – Ukraine.[24] Cet accord-cadre traduit la déclaration de l'OTAN en une décision politique bilatérale (États-Unis – Ukraine) d'initier immédiatement une modification des réalités militaires sur le terrain, que l'Ukraine soit déjà membre de l'OTAN ou non. Et neuf semaines après cette signature, le Secrétaire d'État américain et le ministre ukrainien des Affaires étrangères ont signé un document similaire, la Charte États-Unis–Ukraine de Partenariat Stratégique.[25] Ce document, comme celui signé par le département de la Défense, faisait référence aux déclarations de l'OTAN de 2008 et 2021, les mettant en pratique de façon bilatérale et immédiate, indépendamment de ce qui se passerait avec l'OTAN.

Ainsi, au cours de la période 2017-2021, nous avons assisté à la confluence de deux séries d'activités militaires à proximité de la frontière russe. Premièrement, les accords militaires bilatéraux, qui impliquaient des envois massifs d'armes létales, des exercices conjoints d'entraînement et d'interopérabilité entre Ukrainiens et Occidentaux en Ukraine, et l'installation de lanceurs de missiles offensifs en Roumanie et (prochainement) en Pologne. Deuxièmement, les activités militaires de l'OTAN elle-même, y compris les tirs réels de missiles destinés à simuler des attaques contre des cibles à l'intérieur du territoire russe. Pire encore, ces attaques simulées étaient menées à partir d'un pays de l'OTAN à la frontière de la Russie qui avait lui-même été admis au sein de l'alliance au mépris des assurances préalablement données à Moscou. Et tout cela s'est produit dans le contexte d'une réaffirmation que l'Ukraine serait admise elle-aussi dans l'OTAN. La Russie a perçu cette confluence d'activités militaires comme une menace directe pour sa sécurité. Voici l'explication de Mearsheimer :

> Sans surprise, Moscou a trouvé cette évolution de la situation intolérable et a commencé à mobiliser son armée à la frontière ukrainienne pour signaler sa détermination à Washington. Mais cela n'a eu aucun effet et l'administration Biden a continué à se rapprocher de l'Ukraine. Ce qui a conduit la Russie à précipiter un bras-de-fer diplomatique à part entière en décembre [2021]. Comme l'a dit Sergueï Lavrov, ministre russe des Affaires étrangères : "Nous avons atteint notre point d'ébullition."[26]

Toujours en décembre 2021, écrivant dans la revue Foreign Policy, l'ambassadeur de Russie aux États-Unis Anatoly Antonov a noté que l'OTAN effectuait annuellement environ 40 grands exercices militaires à proximité des frontières russes. Il a averti que "la situation est extrêmement dangereuse" et a répété ce qui avait déjà été exprimé 13 ans plus tôt dans le télégramme "Niet c'est Niet" de William Burns :

> Tout a ses limites. Si nos partenaires [les États-Unis et les pays de l'OTAN] continuent d'instaurer des réalités militaro-stratégiques mettant en péril l'existence même de notre pays, nous serons obligés de leur occasionner des vulnérabilités similaires. Nous en sommes arrivés au point où nous n'avons plus de place pour battre en retraite. L'aventurisme militaire en Ukraine des États membres de l'OTAN est une menace existentielle pour la Russie.[27]

Mearsheimer a décrit ce qui s'est passé ensuite :

La Russie a exigé une garantie écrite que l'Ukraine ne ferait jamais partie de l'OTAN et que l'alliance retirerait les forces militaires qu'elle avait déployées en Europe de l'Est depuis 1997. Les négociations qui ont suivi ont échoué, comme l'a clairement indiqué [le secrétaire d'État américain] M. Blinken : "Il n'y a pas de changement. Il n'y aura pas de changement". Un mois plus tard, M. Poutine a lancé une invasion de l'Ukraine pour éliminer la menace qu'il percevait de l'OTAN.[28]

3.
Que se passerait-il si les rôles étaient inversés ?

Lorsque l'on examine les 30 ans d'histoire exposés ci-dessus, une question se pose : Comment les dirigeants américains réagiraient-ils si les rôles étaient inversés — disons, si la Russie ou la Chine prenaient des initiatives équivalentes à proximité du territoire américain ? Par exemple, comment les États-Unis réagiraient-ils si la Russie établissait une alliance militaire avec le Canada et déployait ensuite des lanceurs de missiles à 100 kilomètres de la frontière américaine ? Que se passerait-il si la Russie utilisait ensuite ces lanceurs pour mener des exercices à tir réel et s'entraîner à détruire des objectifs militaires à l'intérieur du territoire des États-Unis ? Est-ce que les dirigeants américains accepteraient les assurances verbales des Russes quant à la bienveillance de leurs intentions ?

Bien sûr que non. La réaction serait probablement la suivante. Les stratèges militaires et les décideurs politiques américains se pencheraient sur le potentiel offensif des armes et des exercices militaires. Ils ne tiendraient pas compte des déclarations d'intention des Russes et percevraient une menace sérieuse. Ils pourraient interpréter les exercices à tir réel comme signalant une attaque imminente de la Russie. Les États-Unis exigeraient que les missiles soient retirés immédiatement et, si cette demande n'était pas satisfaite, pourraient lancer une attaque préventive contre les sites de lancement de missiles, ce qui pourrait à son tour précipiter une guerre générale avec le risque d'une escalade vers un échange thermonucléaire. De plus, les dirigeants américains, ainsi que sans doute la plupart des citoyens américains, attribueraient alors à la Russie la responsabilité morale de cette attaque préventive, qui serait décrite comme de la légitime défense.

Depuis la formulation de la doctrine Monroe il y a près de 200 ans, les États-Unis ont interdit à toute puissance étrangère potentiellement dangereuse de placer ses forces militaires où que ce soit sur le continent américain. La politique étrangère des États-Unis révèle ainsi une conviction quant à l'importance stratégique de la proximité géographique dans les déploiements militaires, quelles que soient les intentions déclarées. Ce principe est la pierre angulaire de la politique étrangère américaine.

Pourtant, dans leurs relations avec la Russie, les États-Unis, parfois seuls, parfois avec leurs alliés de l'OTAN, agissent allègrement au mépris de ce même principe, même lorsqu'il est appliqué dans un contexte géographique local — c'est-à-dire à proximité immédiate de la frontière russe. Les États-Unis se retirent unilatéralement des traités de contrôle des armements, fomentent des révolutions antirusses dans les pays limitrophes de la Russie et poussent leurs forces militaires ainsi que leurs exercices à tir réel jusqu'aux frontières du territoire russe, justifiant ces actions en affirmant que leurs intentions sont bienveillantes et que l'objectif est simplement de dissuader une éventuelle agression russe. Les Américains agissent de la sorte sans apparemment se soucier de la façon dont des dirigeants et stratèges militaires russes prudents, et les citoyens russes ordinaires, pourraient les percevoir, ou de la façon dont de telles actions pourraient influer sur les décisions politiques et militaires de la Russie au fil du temps. Comme le colonel Macgregor le décrit :

> J'ai continué à essayer d'expliquer aux gens que, pour les Russes, ce qui se passe en Ukraine est une question existentielle. L'Ukraine n'est pas un lointain pays d'Afrique du Nord. L'Ukraine se trouve juste à côté de la Russie. La Russie ne tolérera pas de forces ni de capacités militaires étrangères sur le terrain, à l'intérieur d'un pays qui leur est hostile, et qui pourraient éventuellement menacer son existence. J'ai fait l'analogie avec le Mexique, en essayant de dire aux gens "Ne comprenez-vous pas ce que nous ferions si les Russes ou les Chinois ou quelqu'un d'autre établissait une force militaire au Mexique ? "[29]

En 1962, les Soviétiques ont déployé des missiles nucléaires à Cuba, précipitant ainsi la crise des missiles cubains. Bien que ce fait soit peu connu, le déploiement par les Soviétiques de missiles à Cuba a eu lieu peu de temps après que les États-Unis aient installé en Turquie des missiles Jupiter équipés d'ogives thermonucléaires. On ignore généralement aussi que les Soviétiques ont finalement retiré leurs missiles de Cuba, ce qui a résolu la crise, dans le cadre d'un accord secret entre les États-Unis et l'Union soviétique, selon lequel les deux pays retireraient leurs armes incriminées. Respectant cet accord, les États-Unis ont retiré discrètement leurs missiles de Turquie, quelques mois après que les Soviétiques eurent retiré les leurs de Cuba.

Parce que le lien entre les retraits de missiles n'a pas été rendu public, beaucoup en Occident ont tiré une fausse leçon de la crise cubaine. Ils ont conclu à tort que les États-Unis l'avaient emporté dans une confrontation de stratégies de la corde raide, grâce à une démonstration implacable de force et à la menace d'une escalade nucléaire. En réalité, la guerre nucléaire a été évitée grâce à un compromis, qui, en fait, a été rendu possible parce que le président John F. Kennedy avait auparavant entretenu de bonnes relations personnelles avec son homologue soviétique et pouvait, de ce fait, négocier de manière crédible et de bonne foi et ainsi désamorcer la situation.[29] De toute évidence, la situation est très différente aujourd'hui.

Enfin, un mot supplémentaire est nécessaire sur la question de savoir si les nations occidentales avaient promis, en 1990 et 1991, de ne pas étendre l'OTAN vers la frontière russe.

La question des promesses occidentales a pris une grande importance dans l'esprit de nombreux observateurs. Certains de ces observateurs ont fait valoir qu'en l'absence d'obligations conventionnelles formelles, aucune promesse réelle n'avait été faite ; d'autres ont affirmé que des promesses avaient été faites mais n'étaient pas juridiquement contraignantes ; d'autres encore que, dans la pratique, l'OTAN n'avait aucune intention d'offrir l'adhésion à l'Ukraine au cours des prochaines années, ce qui rendait sans objet toute la question de l'adhésion de l'Ukraine. Ici, deux points sont importants.

Premièrement, que l'élargissement de l'OTAN vers l'Est ait contrevenu ou non à des obligations formelles inscrites dans un traité — ce n'est clairement pas le cas —, le mépris de l'Occident pour les assurances données à la Russie a eu une incidence directe sur la question de savoir si M. Poutine et d'autres dirigeants russes se sont sentis trompés, humiliés et non respectés. Ces agissements des Occidentaux ont établi une méfiance de base, que leurs actions par la suite n'ont fait qu'exacerber. Deuxièmement, même si nous stipulions, à titre d'exercice mental, que l'Occident n'avait pas induit la Russie en erreur, c'est-à-dire si nous supposions, pour les besoins de la discussion, qu'aucune assurance n'avait jamais été donnée, le problème le plus important — les poussées militaires et les empiètements réels de l'OTAN et l'Occident sur la frontière russe — resterait inchangé. En fin de compte, il n'est pas décisif de savoir si des assurances ont été données en 1990-1991. Il n'est pas non plus décisif de savoir si les menaces militaires sont apparues via l'OTAN ou, en dehors de l'OTAN, au moyen d'actions bilatérales ou multilatérales entre l'Ukraine et les pays occidentaux. Les menaces sont des menaces — quels que soient les mots ou les actes qui les précèdent et quel que soit le chemin administratif par lequel elles sont engendrées. Ce qui est important, c'est la réponse à ces questions : Quelles sont factuellement les menaces identifiables sur le terrain ? Et comment une nation intéressée par sa survie, et des dirigeants prudents chargés d'assurer cette survie, peuvent-ils être supposés répondre à ces menaces ? C'est ce qu'il faut comprendre lorsqu'on examine la question des actions et des provocations occidentales.

4.
Inquiétudes russes quant à une première frappe américaine

En 2019, sous l'administration du président Trump, les États-Unis se sont retirés du Traité FNI de 1987 sur les forces nucléaires à portée intermédiaire, affirmant que les Russes avaient triché. (Après la dissolution de l'Union soviétique, les obligations découlant du traité avaient été acceptées par la Russie, comme cela avait été le cas avec le traité ABM). Les missiles à portée intermédiaire sont définis comme des missiles sol-sol (terre-terre) d'une portée comprise entre 500 et 5.500 kilomètres — plus longue que les armes de champ de bataille, plus courte que les armes à longue portée comme les ICBM. L'affirmation de tricherie était de nature technique et, en réalité, tant les États-Unis que la Russie pouvaient affirmer de manière plausible que c'était l'autre partie qui contrevenait à l'esprit, sinon à la lettre, du traité.

Mais que l'un, les deux ou aucun des pays n'ait techniquement été en faute, le point clé ici est que les États-Unis se sont retirés unilatéralement plutôt que de chercher activement à résoudre les problèmes qui se posaient. En décidant de se retirer du traité, les Américains ont peut-être estimé obtenir un avantage militaire, car leurs missiles seraient déployés en Europe, à proximité de la Russie, alors que la Russie ne prévoyait pas de déployer des armes similaires à des distances équivalentes des États-Unis. De plus, l'allégation de tricherie a peut-être en grande partie été un prétexte, un moyen pour les États-Unis d'abandonner ce traité afin de pouvoir déployer des missiles à portée intermédiaire dirigés contre la Chine, dont les propres efforts de rattrapage nucléaire n'étaient pas limités par le traité de 1987.

Mis à part la Chine, le retrait des États-Unis a peut-être aussi été motivé dans une large mesure par une focalisation étroite sur la réalisation d'un avantage tactique immédiat vis-à-vis de la Russie, au détriment de dangers stratégiques plus larges. Ces dangers incluent : le risque de précipiter une nouvelle course aux armements nucléaires avec la Russie ; pousser la Russie à adopter une politique de lancement sur alerte ; stimuler le développement de nouvelles classes d'armes nucléaires russes ; pousser la Russie à déployer ces nouvelles armes à des distances équivalentes du territoire américain ; et déstabiliser les relations politiques américano-russes d'une manière qui compromette leur capacité à désamorcer une éventuelle crise nucléaire. Le major Brennan Deveraux, stratège de l'armée de terre américaine spécialisé dans l'artillerie à roquettes et la guerre de missiles, a fait état de ce problème dans son article du 28 janvier 2022 paru sur le site *War on the Rocks,* qui publie les travaux d'experts des questions militaires :

> La thèse occidentale est simple : les missiles de soutien opérationnel [à portée intermédiaire] fournissent aux États-Unis et à l'OTAN de nouvelles capacités pour mieux faire face à une Russie renaissante et à une Chine montante. Mais cette approche n'a pas tenu compte des implications stratégiques liées au déploiement de ces missiles et négligé toute réaction potentielle de la Russie.[31]

Inquiétudes russes quant à une première frappe américaine

Les Russes étaient profondément préoccupés par le risque que les nouveaux missiles, déployés à proximité de leurs frontières, pourraient augmenter le risque qu'en cas de crise, les dirigeants américains se croient en mesure d'effectuer une première frappe, qui décapiterait les structures de commandement et contrôle russes et réduirait à néant la capacité de la Russie à riposter. Coordonnées avec un réseau ABM, même partiellement efficace, les armes à portée intermédiaire alimentent donc les inquiétudes russes selon lesquelles les États-Unis ne seraient plus dissuadés par une éventuelle riposte nucléaire. Ces craintes ne relèvent pas simplement d'une paranoïa russe. Comme l'ont expliqué deux membres du Conseil allemand des relations étrangères cités par Deveraux, ces missiles à portée intermédiaire "pourraient menacer les postes de commandement de Moscou et limiter la capacité de la Russie à réagir militairement". La Russie avait donc beaucoup à gagner en sauvant le traité FNI. Mais les États-Unis ont persisté et s'en sont retirés.

Après que l'abandon du traité eut été un fait accompli, la Russie a demandé de nouvelles restrictions mutuelles et des moratoires sur les déploiements de missiles. Ceux-ci auraient pu permettre aux États-Unis et à la Russie de suspendre leurs déploiements respectifs d'armes se tenant mutuellement en joue, tout en leur permettant de diriger des armes vers la Chine. Cependant, les États-Unis ont rejeté la proposition russe. Le major Deveraux a souligné que, par sa réponse, l'Occident :

> Non seulement n'a pas répondu aux préoccupations de la Russie, mais a considéré la réintégration de ces missiles [dans sa structure de forces armées] comme un fait

accompli, se concentrant presque exclusivement sur l'avantage relatif que leur déploiement pourrait offrir aux États-Unis et à l'OTAN.

Deveraux a également décrit comment les différentes branches de l'armée américaine se disputaient les nouveaux missiles :

> Au lieu de discussions internes sur les implications stratégiques de la réintroduction de ces missiles, le débat public dans le domaine militaire était centré sur la question de savoir quel service aurait la responsabilité de leur emploi et de leur développement. Cela impliquait que la mise en œuvre future des nouveaux missiles et leur installation sur des bases avancées étaient des faits accomplis.

En fait, au cours des derniers mois précédent l'invasion de 2022, M. Poutine a exprimé à plusieurs reprises son inquiétude face à de tels déploiements. Deveraux ajoute :

> En octobre 2021, alors que la crise ukrainienne actuelle débutait, Poutine a exprimé sa frustration envers la communauté internationale concernant son projet de moratoire sur les missiles : "Quelqu'un a-t-il même réagi à notre déclaration selon laquelle, s'ils nous garantissent que personne ne [déploiera ce type de missiles] depuis les États-Unis ou l'Europe, nous n'en déploierons pas non plus dans la partie européenne, si nous les produisons ? Personne. Ils n'ont jamais répondu". Il s'est appuyé sur ces commentaires lors d'une conférence de presse en décembre, en disant "Installons-nous nos missiles près des frontières des États-Unis ? Non, en aucun cas. Ce sont les États-Unis qui arrivent sur le pas de notre porte avec leurs missiles".

Inquiétudes russes quant à une première frappe américaine

Bien qu'il soit impossible de connaître les motivations spécifiques qui ont conduit M. Poutine à envahir l'Ukraine, une combinaison de facteurs est probablement entrée en jeu : (1) l'armement en cours de l'armée ukrainienne, son entraînement selon les normes de l'OTAN et l'intégration des structures militaires de l'Ukraine, des États-Unis et d'autres puissances occidentales par le biais d'accords hors de l'OTAN ; (2) la menace permanente que l'Ukraine adhère à l'OTAN ; et (3) les inquiétudes concernant d'éventuels nouveaux déploiements de missiles à portée intermédiaire, exacerbées par la crainte que les États-Unis ne déploient des lanceurs ABM Aegis potentiellement offensifs en Ukraine, que l'Ukraine soit déjà membre de l'OTAN ou non.

En ce qui concerne ce dernier point, il est possible que M. Poutine ait estimé, compte tenu de l'intensification progressive et continue de la coordination militaire entre les États-Unis et l'Ukraine, que la fenêtre d'action pour empêcher le déploiement de lanceurs Aegis potentiellement offensifs en Ukraine se fermait et que, s'il devait écarter cette menace, il devait agir tout de suite. Tout cela relève de la spéculation, mais c'est plausible et cohérent, compte tenu des préoccupations russes précédemment exprimées. Mais indépendamment de ce qui a spécifiquement conduit à l'invasion, il est clair que la menace de nouveaux déploiements de missiles Aegis a ajouté une pelletée supplémentaire à un château de sable qui était déjà sur le point de s'effondrer.

5.
Les experts en géopolitique ont mis en garde contre l'élargissement de l'OTAN

Au cours des 30 dernières années, nombre d'experts en politique étrangère américains hautement qualifiés ont averti, de façon répétée, qu'en élargissant l'OTAN en Europe de l'Est, les États-Unis commettaient une dangereuse erreur géopolitique. En 1997, alors que l'OTAN était sur le point de franchir une étape majeure de son élargissement, George Kennan, peut-être le plus éminent homme d'État américain alors vivant — en tant qu'ambassadeur en Union soviétique, Kennan avait été le pionnier de la politique américaine de "l'endiguement" — a publiquement averti que "l'élargissement de l'OTAN serait l'erreur la plus fatale de la politique étrangère américaine de toute l'ère post guerre froide". Kennan a déploré l'absurdité de tout le projet d'élargissement, et a posé la question suivante :

> Pourquoi, avec toutes les perspectives et les espoirs suscités par la fin de la guerre froide, les relations Est-Ouest devraient-elles se focaliser sur la question de savoir qui serait allié avec qui et, par implication, contre qui dans un hypothétique futur conflit militaire, aux contours totalement imprévisibles et des plus improbables ?[32]

Un an plus tard, dans une interview avec Thomas Friedman, l'homme d'État de 94 ans a réagi à la ratification par le Sénat de l'élargissement de l'OTAN :

> Je pense que c'est le début d'une nouvelle guerre froide. Je pense que les Russes réagiront progressivement de manière fort défavorable et que cela affectera les politiques qu'ils mèneront. Je pense que c'est une erreur tragique. Il n'y avait aucune raison à cela. Personne ne menaçait personne. Cet élargissement ferait se retourner les Pères fondateurs américains dans leurs tombes.[33]

Kennan a ensuite ajouté :

> Les gens ne comprennent-ils pas ? Nos différends dans la guerre froide étaient avec le régime communiste soviétique. Et maintenant, nous tournons le dos à ceux-là mêmes qui ont organisé la plus grande révolution sans effusion de sang de l'histoire pour renverser ce régime soviétique.

Kennan n'était pas seul. Beaucoup d'autres, y compris des faucons de premier plan, se sont également opposés à l'élargissement. Parmi ceux-ci figuraient Robert McNamara, ancien secrétaire à la Défense, qui a planifié et mis en œuvre des campagnes de bombardement massives durant la guerre du Vietnam ; Paul Nitze, ancien Secrétaire à la Marine et secrétaire à la Défense, qui s'était opposé à la politique de l'endiguement statique de Kennan, prônant des démarches plus agressives pour contraindre les Russes à reculer et abandonner des territoires ; Richard Pipes, historien de Harvard farouchement anticommuniste, qui avait dirigé une équipe mise sur pied par la CIA pour analyser les capacités et les objectifs stratégiques de l'Union soviétique ; l'ancien chef de la CIA Robert Gates, qui devint plus tard secrétaire à la Défense ; Jack F. Matlock, Jr., l'avant-dernier ambassadeur américain en Union soviétique, qui a aidé à négocier la fin de la Guerre froide ; et d'anciens ambassadeurs en Roumanie, en Pologne et en Allemagne de l'Ouest. Ceux-ci et d'autres éminents spécialistes de Washington se sont opposés publiquement et avec véhémence à l'élargissement de l'OTAN[34]. Mais leur conseil ne fut pas suivi.

En 2015, John Mearsheimer, professeur à l'Université de Chicago, lors de l'une de ses interventions publiques, a pour la première fois émis l'analyse que, si l'Occident n'arrêtait pas ses tentatives d'intégrer l'Ukraine militairement, politiquement et économiquement, les Russes, soucieux de leur sécurité, pourraient se sentir obligés de prendre des mesures militaires, y compris de "démolir" l'Ukraine pour la retirer de l'équation — un avertissement qui, comme celui de Kennan, était prémonitoire.

Peut-être étonnamment, l'essentiel de l'argumentaire historique avancé par Mearsheimer et d'autres critiques de l'OTAN semble être accepté même par certains analystes parmi les plus agressivement russophobes. Une récente interview de Fiona Hill, une conseillère influente à Washington qui est un faucon antirusse notoire, illustre ce point.[35] Dans le dernier paragraphe de l'entretien, qui a été publié dans le magazine en ligne *Politico*, elle déclare, "Bien sûr, oui, nous [les États-Unis] avons également commis de terribles erreurs". En disant cela, Hill semble faire référence à sa réponse à une question au début de l'interview. À la question "Poutine est donc motivé par l'émotion en ce moment, pas par une sorte de plan logique ?", elle avait repris le journaliste :

Je pense qu'il y a eu un plan logique et méthodique qui remonte à très loin, au moins jusqu'à 2007, lorsqu'il a averti le monde, et certainement l'Europe, que Moscou n'accepterait pas un nouvel élargissement de l'OTAN. Et puis, en l'espace d'un an, en 2008, l'OTAN a ouvert la porte à la Géorgie et à l'Ukraine. Cela remonte absolument à ce moment-là.

Hill continue en ces termes,

> À l'époque, j'étais officier du renseignement national et le Conseil National du Renseignement analysait ce que la Russie était susceptible de faire en réponse à la déclaration de la Porte Ouverte de l'OTAN. L'une de nos analyses était qu'il y avait un risque réel et sérieux d'une action militaire préventive de la Russie, non limitée à la seule annexion de la Crimée, mais une action de beaucoup plus grande ampleur entreprise contre l'Ukraine ainsi que la Géorgie. Et bien sûr, quatre mois après le Sommet de Bucarest de l'OTAN [lorsque la politique de la porte ouverte envers l'Ukraine et la Géorgie a été annoncée], il y a eu l'invasion de la Géorgie. Il n'y a pas eu d'invasion de l'Ukraine à l'époque parce que le gouvernement ukrainien a retiré sa demande d'adhésion à l'OTAN. Mais nous aurions dû sérieusement réfléchir à la manière dont nous allions gérer ce développement éventuel et nos relations avec la Russie.

Un aspect remarquable de la réponse de Hill est qu'elle confirme plusieurs points importants que les analystes bellicistes répugnent généralement à reconnaître. Premièrement, elle reconnaît qu'en 2007 — sept ans avant l'annexion de la Crimée par la Russie — les services de renseignement américains identifiaient un "risque tout à fait réel" qu'en réponse à l'élargissement de l'OTAN, la Russie pourrait annexer la péninsule. Deuxièmement, elle reconnaît qu'en 2007 la communauté du renseignement identifiait le risque que l'élargissement de l'OTAN pourrait précipiter une action militaire russe plus large, non seulement limitée à la Crimée, mais une "action de beaucoup plus grande ampleur" menée à la fois contre l'Ukraine et la Géorgie. Troisièmement, Hill reconnaît que la participation de la Russie à la guerre russo-géorgienne était une réponse à l'élargissement de l'OTAN. Enfin, Hill ajoute sans équivoque que, contrairement à ce qu'ils ont fait en Géorgie, les Russes n'ont pris aucune mesure en Ukraine en 2008 parce que "le gouvernement ukrainien a retiré sa demande d'adhésion à l'OTAN."

Sur ces points, en particulier le dernier, Hill reconnaît directement le rôle crucial que l'élargissement de l'OTAN et l'aventurisme militaire occidental ont joué dans la motivation des actions russes en Ukraine. Ainsi, il semble que, tout en plaidant pour une approche belliciste, Hill ait une lecture des événements très similaire à celle présentée par Mearsheimer. Cependant, pour des raisons difficiles à comprendre, Hill et les gourous de géopolitique qui partagent son approche, n'accordent que peu ou pas de poids à cette lecture dans leur prise de décision. Au contraire, ce contexte historico-politique semble passé sous silence. Au lieu de reconnaître ouvertement les conséquences fâcheuses de l'élargissement de l'OTAN, ils attribuent l'invasion de l'Ukraine par M. Poutine à une volonté incontrôlée et non provoquée d'expansion territoriale à la Hitler.

Pourtant, même en dépeignant explicitement Poutine comme le nouvel Hitler, Hill semble ramener l'élargissement de l'OTAN dans l'équation. À la question "Alors, tout comme le monde n'a pas vu venir Hitler, nous n'avons pas vu venir Poutine ?", elle a répondu ceci :

On aurait dû. On le connaît depuis 22 ans, et c'est depuis 2008 qu'il [Poutine] se dirige vers ce point. Je ne pense pas qu'il était parti au départ pour faire tout cela, d'ailleurs, mais ses attitudes envers l'Ukraine et le sentiment que toute l'Ukraine appartient à la Russie, le sentiment de perte, ils étaient tous déjà là et se sont accumulés.

Cela vaut la peine de juxtaposer cette remarque à la déclaration précédente de Hill, citée intégralement ci-dessus : "Je pense qu'il y a eu un plan logique et méthodique qui remonte … au moins à 2007, lorsqu'il [Poutine] a averti le monde que Moscou n'accepterait pas un nouvel élargissement de l'OTAN". Considérant ces deux déclarations ensemble, et en se concentrant sur ses références à 2007 et 2008, je pense qu'il est juste de comprendre à la lecture que, selon Hill, Poutine a subi sa transformation en nouvel Hitler à cause de l'élargissement de l'OTAN. Savoir si Poutine est réellement comparable à Hitler est une tout autre question, mais je ne parle ici que du point de vue communiqué par Hill.

De plus, en évaluant les objectifs de M. Poutine, Hill note : "Donc, ce que Poutine veut n'est pas nécessairement d'occuper tout le pays [l'Ukraine], mais en réalité de le diviser… C'est quelque chose avec lequel Poutine pourrait certainement vivre — une Ukraine fracturée et brisée avec différents morceaux se retrouvant dans différents États". Cette déclaration doit être comparée aux prédictions de Mearsheimer, à partir de 2015, selon lesquelles si l'OTAN et l'Occident continuaient à pousser vers le territoire russe et d'empiéter sur sa frontière, la Russie pourrait ressentir le besoin, selon les mots de Mearsheimer, de "casser" l'Ukraine.

Nous voyons ici un parallélisme remarquable. Mearsheimer et Hill semblent tous deux croire que l'élargissement de l'OTAN a constitué la cause sous-jacente de la transformation de l'attitude russe qui a abouti à la guerre en Ukraine. Et les deux analystes avaient prévu qu'en réponse à l'élargissement de l'OTAN, la Russie pourrait chercher à "casser" l'Ukraine — ou, comme l'a dit Hill, à transformer l'Ukraine en une nation "fracturée et brisée". Je trouve peu de désaccord fondamental entre Hill et Mearsheimer. Mais ce que je trouve déroutant, c'est que Hill ne semble pas tenir compte dans son analyse globale de cet important terrain d'entente entre elle et Mearsheimer.

De fait, à la fin de l'interview, Hill décrit ceux qui pointent du doigt la responsabilité occidentale dans la crise ukrainienne comme dupés par la désinformation russe : "Je veux dire qu'il [Poutine] a obtenu ... d'une partie du public américain qu'il dise : "Bravo, Vladimir Poutine", ou blâme l'OTAN, ou blâme les États-Unis pour ce qui s'est passé. C'est exactement ce vers quoi la guerre de l'information et la manipulation psychologique russes sont orientées".

En déclarant cela, Hill semble ignorer ses propres conclusions sur les conséquences négatives de l'élargissement de l'OTAN. De plus, il n'est tout simplement pas exact que ceux qui tiennent les États-Unis et l'OTAN pour responsables de la crise disent "Bravo, Vladimir Poutine". Au contraire, la plupart de ceux qui soulignent la culpabilité occidentale dans la crise ukrainienne semblent considérer l'invasion russe de l'Ukraine comme un désastre absolu. Ils y voient un événement qui, quelles qu'en soient les causes sous-jacentes, a entraîné un horrible cortège de souffrance, de destruction et de mort. Beaucoup, en fait, critiquent explicitement Poutine, même s'ils soulignent le rôle de l'Occident dans la précipitation de la crise.

En formulant sa vision des actions russes, Hill est bien sûr consciente des terribles conséquences de l'invasion allemande de la Russie pendant la Seconde Guerre mondiale. Elle observe même au cours de l'entretien que "La propre famille de Vladimir Poutine a souffert durant le siège de Leningrad". Sa remarque est exacte, bien que ce soit un euphémisme. Comme Stephen F. Cohen le décrit, "la mère et le père [de Poutine] ont survécu de justesse à des blessures et à des maladies presque mortelles, son frère aîné est mort lors du long siège allemand de Leningrad et plusieurs de ses oncles sont morts".[36] De plus, la souffrance de la famille de M. Poutine est représentative de celle de la nation russe. Bien que les chiffres précis soient inconnus, environ 25 millions de citoyens soviétiques sont morts durant les invasions allemandes de la Seconde Guerre mondiale, dont la moitié — environ 12,5 millions — en Russie. C'est un nombre de morts qui équivaut environ à un Russe sur sept vivant à l'époque.[37]

Pourtant, au lieu de relever la pertinence de cette histoire douloureuse pour les questions de sécurité des Russes ; au lieu de souligner comment font écho à cette histoire l'élargissement de l'OTAN et la poussée (ou, peut-être, aux yeux des Russes, la nouvelle poussée) de la puissance militaire occidentale à leur frontière ; et au lieu ne serait-ce que de supposer une sensibilité psychologique de la part de M. Poutine, basée sur les expériences de sa propre famille — Hill considère les expériences familiales de M. Poutine comme un soutien supplémentaire à son point de vue à elle, selon lequel il serait motivé par un expansionnisme dangereux et irrationnel. Ainsi, après avoir mentionné la famille de Poutine, elle ajoute sardoniquement "pourtant, ici [en envahissant l'Ukraine], Vladimir Poutine fait exactement la même chose [que l'Allemagne a fait à la Russie]". Même face aux traumatismes de la propre famille de M. Poutine, Hill ne semble pas avoir de place dans son analyse pour les préoccupations de sécurité russes. Elle ramène continuellement les actions russes à Hitler, l'Allemagne nazie et la Seconde Guerre mondiale.

Il ne fait aucun doute que les perceptions russes des menaces extérieures ont été profondément influencées par le passé de la Russie. En plus des invasions allemandes de la Seconde Guerre mondiale et de la Première Guerre mondiale, la Russie avait, cent ans plus tôt, déjà été envahie par Napoléon, dont l'armée avait atteint Moscou. Richard Sakwa, professeur de sciences politiques spécialiste de la Russie et de l'Europe à l'Université du Kent, en Angleterre, décrit l'interaction de la géographie de la région avec cette histoire d'invasions répétées :

> "Moscou … n'a pas deux océans majeurs pour se défendre. Elle n'a pas de montagnes pour se défendre. Pas de grands fleuves. Elle se situe sur la vaste plaine d'Eurasie du Nord, sans frontières naturelles facilement défendables, et avec un sentiment constant de menace provenant de l'Occident."[38]

Les faucons de la géopolitique tels que Hill sont, bien sûr, conscients de cette histoire et de cette géographie. Cependant, au lieu de les considérer comme des renforts psychologiques potentiels pour les préoccupations légitimes de sécurité des Russes, ces analystes soutiennent l'opinion que M. Poutine serait engagé dans un accaparement des terres à l'hitlérienne, une version moderne d'une chasse impitoyable au *Lebensraum*, et que Poutine lui-même est essentiellement Hitler incarné — paranoïaque, vivant dans le passé impérial, et animé par un militarisme qui serait inné chez les Russes. Ce type d'analyse ne peut être maintenu qu'en ignorant les conclusions auxquelles Hill elle-même est parvenue et qu'elle a ouvertement formulées dans son interview pour *Politico*.

6.
Les décideurs russophobes persistent dans leurs erreurs du passé

Malgré l'échec sans équivoque des politiques menées par l'Occident envers la Russie et l'Ukraine, les responsables de décennies de provocations par les États-Unis et l'OTAN maintiennent envers et contre tout leur position initiale, affirmant que l'invasion de l'Ukraine par la Russie prouve qu'ils avaient raison depuis le départ. Ces analystes affirment que la véritable cause de l'invasion russe est que les États-Unis n'ont pas fait pression encore plus fort sur la Russie.

Une explication plus plausible serait que les nombreux experts en géopolitique américains qui avaient prédit que l'élargissement de l'OTAN mènerait au désastre avaient raison, et que leurs prédictions se vérifient maintenant de façon cruelle.

L'un de ceux-ci, George Kennan, a déclaré, après le début de l'élargissement de l'OTAN en direction de la Russie, que la décision d'étendre l'OTAN était une prophétie auto-réalisatrice. Loin de protéger l'Occident, a-t-il expliqué, l'élargissement conduirait les États-Unis à la guerre avec la Russie. Et une fois que ce résultat se serait produit, a prédit Kennan, les partisans de l'élargissement diraient que cela prouvait que le militarisme inné des Russes en était la cause: "Bien sûr, il y aura une mauvaise réaction de la Russie, puis [les partisans de l'élargissement] diront qu'ils nous avaient toujours dit que c'est ainsi que sont les Russes — mais c'est tout simplement faux."[39] La prédiction de Kennan était donc doublement correcte: premièrement, sur la réaction russe à l'élargissement de l'OTAN ; deuxièmement, sur le raisonnement circulaire autojustificatif fourni en réponse par ces faucons occidentaux, dont les prédictions avaient été contredites par les événements.

Peu de médias américains et européens discutent de ces questions. En regardant la télévision et en lisant les journaux, on pourrait même imaginer que les préoccupations concernant l'élargissement de l'OTAN n'avaient jamais été soulevées, ou ne l'avaient été que de façon marginale. Bien que le rôle joué par les États-Unis et les pays de l'OTAN dans le déclenchement de la crise en Ukraine devrait être évident aux yeux de tous, de nombreux Américains et Européens ont été submergés par une sorte de "fièvre de la guerre par procuration". Manquant d'une vue d'ensemble qui leur permettrait de saisir l'essentiel, mais absorbés par le détail quotidien des combats, ils sont animés d'une colère moralisatrice et d'une conviction que la meilleure politique est de déverser de plus en plus d'armes en Ukraine jusqu'à ce que M. Poutine implore miséricorde.

Compte tenu de l'intensité de cette fièvre guerrière, il n'est pas surprenant que les quelques dirigeants politiques américains ou européens qui ont la rare combinaison de clarté d'esprit et de courage nécessaire pour examiner ouvertement le contexte historico-politique de la guerre en Ukraine aient été qualifiés de traîtres. En vérité, ce sont des patriotes. Ils refusent de jouer le jeu du tribalisme et de prétendre envers et contre tout "Mon pays ne peut pas faire de mal". Ils reconnaissent les faits historiques inconfortables pour ce qu'ils sont et tentent de ne pas réitérer les erreurs du passé. Ils cherchent à discerner les implications de ces faits pour le présent, en particulier de manière à limiter les morts et la destruction en Ukraine et, simultanément, à réduire les risques d'une confrontation nucléaire apocalyptique entre la Russie et l'Occident. En considérant les développements récents de la situation, John Mearsheimer écrit,

> [Nous] sommes dans une situation extrêmement dangereuse, et la politique menée par les Occidentaux exacerbe ces risques. Pour les dirigeants russes, ce qui se passe en Ukraine n'a pas grand-chose à voir avec le fait que leurs ambitions impériales soient contre-carrées ; il s'agit de faire face à ce qu'ils considèrent comme une menace directe pour l'avenir de la Russie. M. Poutine a peut-être mal évalué les capacités militaires de la Russie, l'efficacité de la résistance ukrainienne et l'ampleur et la rapidité de la réponse occidentale, mais il ne faut jamais sous-estimer à quel point les grandes puissances peuvent être impitoyables lorsqu'elles se croient dans une situation désespérée. L'Amérique et ses alliés, cependant, persistent sur la même voie, espérant infliger une défaite humiliante à M. Poutine et peut-être même déclencher sa destitution. Ils augmentent l'aide à l'Ukraine tout en utilisant les sanctions économiques pour infliger un châtiment collectif à la Russie, des mesures que Poutine considère maintenant comme "semblables à une déclaration de guerre".[40]

7.
Comment les récits trop pessimistes se muent en prophéties auto-réalisatrices

Le récit d'une Russie perverse, irrationnelle, intrinsèquement expansionniste, avec un dirigeant paranoïaque à sa tête, opposée à une Europe et des États-Unis vertueux, est une étrange et confuse confabulation, incompatible avec toute une série d'événements convergents au cours des 30 dernières années — événements dont la signification et l'importance auraient dû être immédiatement apparentes aux yeux de tous. En réalité, le récit occidental prédominant pourrait lui-même être considéré comme une sorte de paranoïa.

Les provocations que les États-Unis et leurs alliés ont dirigées contre la Russie sont des erreurs politiques si graves que, si les rôles avaient été inversés, les dirigeants américains auraient depuis longtemps pu risquer une guerre nucléaire avec la Russie. Pour les dirigeants américains, affirmer le contraire, comme ils le font à l'heure actuelle, représente un mépris dangereux de la réalité. Dans certains cas, ce mépris relève sûrement d'une démagogie délibérée. Mais pour certains décideurs politiques, l'erreur doit être commise de bonne foi, pour la simple raison qu'ils continuent à interpréter de nouveaux faits à la lumière du même discours éculé.

Les principaux organes de presse en portent également la responsabilité. Plutôt que de chercher à contextualiser correctement les événements pour leurs lecteurs et spectateurs, les médias ont claironné le narratif favori de leurs gouvernements. Quelles que soient leurs motivations, les médias traditionnels ont mis en œuvre et continuent de mettre en œuvre un régime de propagande qui désinforme le public et ne peut être perçu par la Russie que comme un affront à la fierté nationale de son peuple. Les canaux d'information en ligne font à peu près la même chose. En fait, comme l'a montré le journaliste Glenn Greenwald, lauréat du prix Pulitzer et défenseur du premier amendement de la constitution des États-Unis (qui garantit la liberté d'expression), une censure massive des opinions dissidentes s'exerce aujourd'hui aux États-Unis et en Europe, à de nombreux niveaux de la société.[41]

Bien qu'il soit difficile de regarder les images horribles qui proviennent d'Ukraine sans répulsion ni colère, succomber à l'émotion et accepter aveuglément le récit occidental dominant est une erreur dangereuse. Cela conforte les pires forces à Washington, y compris le lien entre le pouvoir bureaucratique et les groupes d'intérêt commerciaux que le président Eisenhower, ancien commandant général des forces alliées en Europe pendant la seconde guerre mondiale, a appelé le complexe militaro-industriel, et dont il avait averti le public américain dans son dernier discours télévisé en tant que président des États-Unis. Ce récit dominant renforce également les dirigeants européens les plus russophobes et militaristes, ainsi que ceux qui font le moins état du courage qui serait nécessaire pour résister aux politiques américaines malavisées. Ce récit obscurcit l'esprit des citoyens américains et européens, les entrainant à développer un chauvinisme belliqueux et va-t-en-guerre.

Mon objectif principal avec cet essai est de corriger un récit erroné, et ce pour une raison très concrète : parce que les récits erronés produisent de mauvais résultats. Les récits se reflètent inévitablement dans les comportements ; ils sont à la fois descriptifs et génératifs. En fonctionnant comme des modèles de la réalité, les récits servent de guides à l'action. Ensuite, grâce à la dynamique d'action et de réaction, de poussée et de contre-poussée, ils peuvent donner naissance aux faits qu'ils prétendaient déjà présents au départ. De cette façon, un récit trop pessimiste sur les intentions d'un adversaire potentiel, ce qu'on pourrait appeler un "récit de suspicion", peut potentialiser les menaces mêmes qu'il prétend atténuer.

Cette dynamique est le mécanisme sous-jacent bien connu d'une course aux armements qui culmine dans l'escalade et la guerre. Elle instancie non pas le paradigme de la Seconde Guerre mondiale, avec les images qui lui sont associées d'expansionnisme implacable et de compromission occidentale, mais bien le paradigme de la Première Guerre mondiale, une séquence au cours de laquelle l'Allemagne, la Grande-Bretagne, l'Europe occidentale et finalement les États-Unis ont avancé en somnambule vers la catastrophe. Pourtant, aujourd'hui, en raison de la nature même de l'armement nucléaire, une catastrophe beaucoup plus dévastatrice pourrait se produire encore plus facilement.

Comme avant la Première Guerre mondiale, chaque camp, craignant le pire de l'autre, cherche à se rendre invulnérable grâce à une stratégie militaire qui a nécessairement aussi un potentiel offensif — une épée stratégique à double tranchant que les analystes géopolitiques qualifient de "dilemme sécuritaire". C'est précisément ce que George Kennan avait prédit à propos de l'élargissement de l'OTAN de 1999, et à cet égard aussi, son analyse s'est avérée correcte. Cet élargissement, justifié au nom de la défense, a été perçu par la Russie comme une menace offensive et a conduit à des actions qui sont, à leur tour, perçues par l'Occident comme expansionnistes. En 2014, Richard Sakwa a offert une rétrospective lapidaire sur la situation que Kennan avait anticipée :

> Au final, l'existence de l'OTAN s'est trouvée justifiée par la nécessité de gérer les menaces sécuritaires occasionnées par son élargissement. [Les pays de] l'ancien Pacte de Varsovie et les pays baltes ont rejoint l'OTAN pour renforcer leur sécurité, mais l'acte même de cette adhésion a créé un dilemme sécuritaire pour la Russie qui a sapé la sécurité de tous.[42]

Et depuis que Sakwa a écrit ceci, la situation n'a fait qu'empirer, dans une bonne mesure parce que les États-Unis et leurs alliés ont mené une série parallèle d'expansions militaires en dehors de l'OTAN.

Quelles que soient ses tendances autoritaires, M. Poutine n'est pas né sur une trajectoire prédéfinie. Dans l'air du temps actuel, il peut être considéré comme hérétique d'énoncer l'évidence : que M. Poutine, comme tous les êtres humains, est influencé par une combinaison de causes internes — sa psychologie, ses croyances et ses valeurs — et de causes externes — les circonstances dynamiques auxquelles il est confronté. C'est tout simplement une évidence. Il est également évident que la confrontation répétée à certains schémas d'événements externes peut influer sur les tendances intérieures d'une personne, ou, du moins, amplifier sélectivement certaines tendances au détriment d'autres, parfois opposées.

Progressivement, par petites et grandes étapes, l'Occident a ignoré les préoccupations raisonnables de la Russie en matière de sécurité, les considérant comme dénuées de pertinence, et a attisé ses inquiétudes concernant un encerclement et une invasion. Dans le même temps, les États-Unis et leurs alliés européens ont laissé entendre qu'un acteur rationnel serait apaisé par les déclarations d'intention de l'Occident : que les armes, aussi puissantes et proches des frontières de la Russie qu'elles soient, et que les entraînements et exercices d'interopérabilité, aussi provocateurs et proches des frontières de la Russie qu'ils soient, sont purement défensifs et ne sont pas à craindre. Dans de nombreux cas, les dirigeants occidentaux, en particulier des États-Unis, ont activement manqué de respect à M. Poutine, l'insultant parfois directement.

En faisant tout cela, l'Occident a suggéré que M. Poutine imaginait des menaces stratégiques là où il n'en existait aucune. Ce cadrage occidental — qui postule un manque de légitimé aux préoccupations de la Russie en matière de sécurité, couplé à des accusations implicites et explicites d'irrationalité — est sous-jacent à une grande partie du discours actuellement dominant. Il est aussi sous-jacent à la position idéologique des faucons antirusses qui jouent un rôle si important à Washington. Dans les relations interpersonnelles, la combinaison d'actions menaçantes et d'accusations de paranoïa serait considérée comme de la manipulation. La situation est-elle vraiment si différente dans le domaine de la politique internationale ?

En temps de guerre et de menace militaire, même les dirigeants des pays libres penchent vers l'autoritarisme.

Percevant un grand danger, ils peuvent resserrer les rênes du pouvoir, imposer un contrôle hiérarchique strict et élargir la catégorie des actes et des paroles considérés comme une trahison. Il n'est pas excessif de suggérer que les provocations décrites dans cet essai ont provoqué, dans l'esprit de M. Poutine et d'autres membres de la classe politique et militaire russe, une évolution vers un sentiment d'assiègement et d'urgence. Ce que je veux dire, c'est qu'il faut envisager la possibilité que les actions occidentales aient contribué non seulement à l'évolution de la politique étrangère de la Russie, mais également à des aspects fâcheux de l'évolution de sa politique intérieure. En fait, George Kennan l'avait prédit dès 1998 : l'élargissement de l'OTAN, avait-il déclaré à l'époque, aurait "un effet négatif sur le développement de la démocratie en Russie".[43]

Les acteurs politiques, qu'il s'agisse d'individus ou d'organisations, telles que les bureaucraties et les nations, ne sont pas des entités statiques. Au contraire, les décisions humaines que nous appelons "politiques" émergent d'une concaténation d'intentions conscientes ; motivations inconscientes ; accidents de l'histoire ; et des interactions personnelles et humaines, y compris des interactions et des propos ouvertement menaçants, humiliants et irrespectueux, tels que ceux qui ont été émis de la bouche de M. Biden. Et il est fort possible que les actions des États-Unis et de leurs alliés européens aient exercé et continuent d'exercer un effet plus profond sur les politiques de M. Poutine, y compris ses politiques intérieures, que certains sont enclins à le penser.[44]

8.
Que se serait-il passé si nous avions agi différemment ? — et conclusion

Qui porte la responsabilité de la catastrophe humanitaire en Ukraine, de la mort de milliers d'Ukrainiens, civils et soldats, et de l'enrôlement de civils ukrainiens dans l'armée ? Qui est responsable de la destruction des habitations et des entreprises ukrainiennes et de la crise des réfugiés qui s'ajoute maintenant à celle du Moyen-Orient ? Qui porte la responsabilité pour la mort de milliers de jeunes hommes servant dans l'armée russe, dont la plupart croient sûrement, comme leurs homologues ukrainiens, qu'ils se battent pour protéger leur nation et leurs familles ? Qui porte la responsabilité du préjudice durable causé aux économies et aux citoyens d'Europe et des États-Unis ? Qui portera la responsabilité si des perturbations dans l'agriculture entraînent une famine en Afrique, un continent qui dépend fortement de l'importation de céréales d'Ukraine et de Russie ? Et enfin, qui portera la responsabilité si la guerre en Ukraine dégénère en échange nucléaire, puis devient une guerre nucléaire à grande échelle ?

Si l'on s'en tient à la cause la plus proche, la cause matérielle directe, alors la réponse à toutes ces questions est simple : M. Poutine est responsable. Il a déclenché la guerre et, avec ses stratèges militaires, en dirige la conduite. Il n'y était pas contraint. Ce sont des faits. Mais les faits doivent être interprétés en référence aux autres faits en rapport, y compris ceux qui ont depuis longtemps disparu des gros titres, ou n'ont même jamais fait la une. Lorsque l'on effectue cette contextualisation, il devient clair que les décideurs politiques aux États-Unis et en Europe portent une responsabilité significative dans le déclenchement de cette guerre.

La façon dont on juge les responsabilités relatives de Moscou, Washington et des différentes capitales européennes dépend de la façon dont on évalue certains événements historiques particuliers, les actions des individus impliqués et de l'importance relative que l'on accorde à la causalité directe et sous-jacente. Néanmoins, je me risquerai à juger que, tout bien considéré, la responsabilité première en incombe à l'Occident, et en particulier aux États-Unis. Je ne connais aucun moyen entièrement satisfaisant de débattre et argumenter ce point ; il n'y a pas de méthodologie validée pour répartir le blâme entre une gamme d'acteurs, qui disposent tous au moins d'un certain champ d'action, ont une certaine liberté de choix. Mais je crois que nous pouvons mieux comprendre en nous posant cette question : Où en serions-nous maintenant si les États-Unis avaient agi différemment ? Et en imaginant ce à quoi l'histoire aurait pu ressembler. C'est un jeu de "et si…" — et les projections qu'il génère ne peuvent jamais être prouvées ou réfutées. Mais l'histoire des 30 dernières années se prête assez bien à l'exercice consistant à postuler d'autres actions de la part de l'Occident. Un exercice qui, à mon avis, est à la fois révélateur et convaincant.

Si les États-Unis n'avaient pas poussé l'OTAN à la frontière de la Russie ; pas déployé de systèmes de lancement de missiles à capacité nucléaire en Roumanie, ne les avaient pas planifiés pour la Pologne et peut-être ailleurs également ; s'ils n'avaient pas contribué au renversement du gouvernement ukrainien démocratiquement élu en 2014 ; pas abrogé le traité ABM puis le traité sur les missiles nucléaires à portée intermédiaire, puis ignoré les tentatives russes de négocier un moratoire bilatéral sur leurs déploiements ; s'ils n'avaient pas mené d'exercices à tirs réels de missiles en Estonie pour s'entraîner à frapper des cibles à l'intérieur de la Russie ; pas coordonné un exercice d'entraînement militaire massif de 32 pays à proximité du territoire russe ; pas favorisé une interopérabilité étroite entre les armées américaine et ukrainienne ; etc. etc. etc. — si les États-Unis et leurs alliés de l'OTAN n'avaient pas fait ces choses, la guerre en Ukraine n'aurait probablement pas eu lieu. Je pense qu'on peut raisonnablement l'affirmer.

En réalité, je dirais que si deux ou trois, au hasard, des nombreuses provocations dont il a été question ici n'avaient pas eu lieu, les choses seraient très différentes aujourd'hui. J'ai déjà utilisé l'analogie d'un château de plage construit avec des pelletées de sable. Bien que l'on ne puisse pas facilement prédire quelle quantité de sable, dans quelle configuration, la structure peut supporter, il est clair que plus la quantité de sable sera importante, plus l'empilement sera élevé et plus sa configuration sera précaire, et plus la structure deviendra instable. Je dirais que l'Occident a empilé des pelletées et des pelletées de sable sur une structure qu'un acteur lucide et rationnel aurait reconnue comme susceptible de s'effondrer. La guerre en Ukraine est l'un de ces effondrements, et il n'y a aucune raison de penser que d'autres catastrophes ne suivront pas, quel que soit le nombre de planificateurs de guerre aux États-Unis qui imaginent qu'ils peuvent réduire à néant la capacité militaire de la Russie.

Et même ceci n'est pas tout. Le gouvernement américain, par ses déclarations et ses actes, a peut-être conduit les dirigeants et le peuple ukrainiens à adopter des postures intransigeantes à l'égard de la Russie. Au lieu de faire pression et de soutenir une paix négociée dans le Donbass entre Kiev et les autonomistes pro-russes, les États-Unis ont fortement encouragé les forces nationalistes en Ukraine. Ils y ont déversé des armes, ont intensifié le rapprochement avec l'armée ukrainienne et son entraînement, refusé de renoncer à leur projet d'incorporer l'Ukraine à l'OTAN et ont peut-être donné l'impression aux dirigeants et au peuple ukrainiens qu'ils pourraient directement entrer en guerre avec la Russie au nom de l'Ukraine.

Tout cela a peut-être exercé une influence sur M. Zelensky, qui avait remporté son élection de 2019, avec plus de 70% de soutien populaire, en se présentant comme le candidat du rétablissement de la paix avec la Russie. Pourtant, au bout du compte, il n'a pas réussi à mener à bien ce programme. Même avec la guerre imminente, il n'a pas fait de compromis pour la paix. Le 19 février, cinq jours avant l'invasion russe, M. Zelensky a rencontré à Munich le chancelier allemand Olaf Scholz. Selon le Wall Street Journal, Scholz a proposé de négocier un accord de paix. Il a dit à M. Zelensky :

> que l'Ukraine devrait renoncer à ses aspirations à l'OTAN et déclarer sa neutralité dans le cadre d'un accord de sécurité européen plus large entre l'Occident et la Russie. Le pacte serait signé par M. Poutine et M. Biden, qui garantiraient conjointement la sécurité de l'Ukraine. M. Zelensky a déclaré qu'on ne pouvait pas faire confiance à M. Poutine pour maintenir un tel accord et que la plupart des Ukrainiens souhaitaient rejoindre l'OTAN. Sa réponse a plongé les responsables allemands dans l'inquiétude de voir les chances de paix s'amenuiser.[45]

Que se serait-il passé si nous avions agi différemment ? – et conclusion

Dans une récente interview, Richard Sakwa a suggéré que M. Zelensky aurait pu rétablir la paix avec la Russie en ne prononçant que cinq mots : "L'Ukraine ne rejoindra pas l'OTAN". Sakwa a poursuivi "Si Poutine bluffait [sur l'importance décisive de l'élargissement de l'OTAN], cela aurait éventé son bluff. Au lieu de cela nous avons eu cette guerre catastrophique. C'était une approche désinvolte du sort d'une nation et, surtout, du sort de son propre peuple".[46]

Comment un défenseur de la paix tel que s'était présenté Zelensky, qui avait un mandat électoral fort pour négocier la fin du conflit dans le Donbass, en est-il venu à se braquer sur ses positions et à faire le pari d'une guerre ? Je suggérerais qu'en l'absence de conceptions erronées et irréalistes imposées par les États-Unis, l'Ukraine aurait depuis longtemps élaboré un modus vivendi avec la Russie, adoptant probablement une position de neutralité politique — quelque chose que maintenant, et seulement si elle a de la chance, l'Ukraine ne pourra encore atteindre qu'après la destruction de la moitié de son pays, la mort de milliers de personnes et le déplacement de millions d'autres, plongées dans la misère . Il y a une vénérable histoire de neutralité en Europe. L'Autriche et la Finlande ont adopté la neutralité à l'égard de l'Union soviétique et en ont grandement bénéficié. Bien que la forme de gouvernement à Moscou ait changé, la justification géostratégique pour la neutralité reste la même. Pourquoi cela ne s'est-il pas produit avec l'Ukraine ?

Peu de temps après l'élection de Zelensky en 2019, Stephen F. Cohen a suggéré dans une interview que celui-ci aurait besoin du soutien actif des États-Unis pour surmonter les pressions — y compris les menaces contre sa vie — de l'extrême droite ukrainienne. Sans ce soutien, avait prédit Cohen, M. Zelensky ne serait pas en mesure de conclure la paix :

Le nouveau président de l'Ukraine, Zelensky, s'est présenté comme le candidat de la paix. Il a obtenu un énorme mandat pour conclure la paix. Donc, cela signifie qu'il doit négocier avec Vladimir Poutine. Mais sa volonté — et c'est ce qui est important et qui n'est pas bien rapporté ici [aux États-Unis] — sa volonté de traiter directement avec Poutine exige en fait une audace considérable de [la part de] Zelensky parce qu'il y a des opposants à cela en Ukraine et ils sont armés. Certains disent qu'ils sont fascistes, ils sont certainement ultra-nationalistes, et ils ont dit qu'ils destitueraient et tueraient Zelensky s'il continuait dans cette voie de négociation avec Poutine. Zelensky ne peut pas aller de l'avant à moins que l'Amérique ne le soutienne. Peut-être que cela ne suffira pas, mais à moins que la Maison Blanche n'encourage cette diplomatie, Zelensky n'a aucune chance… [47]

À ma connaissance, Zelensky n'a jamais reçu de soutien américain substantiel pour mener à bien son programme de paix. Au lieu de cela, il a été soumis à des visites répétées de politiciens américains de premier plan et de responsables du Département d'État, qui ont tous proclamé un principe théorique de liberté ukrainienne absolue, défini comme le "droit" d'adhérer à l'OTAN et d'établir un avant-poste militaire américain à la frontière russe. En fin de compte, cette "liberté" s'est révélée pire qu'une chimère : bien qu'elle ait fait avancer les objectifs des États-Unis — ou, plus précisément, les intérêts de certaines factions politiques, militaires et financières américaines — elle a détruit l'Ukraine.

Et même d'un strict point de vue américain, tout le plan occidental était un dangereux jeu de bluff, mis en œuvre pour des raisons difficiles à comprendre. L'Ukraine n'est pas, loin de là, un intérêt vital pour la sécurité des États-Unis. En fait, l'Ukraine n'a guère d'importance. D'un point de vue américain — et je le dis sans manque de respect pour le peuple ukrainien — l'Ukraine est dépourvue d'intérêt. L'Ukraine n'est pas plus importante pour les citoyens des États-Unis que n'importe lequel des cinquante autres pays que la plupart des Américains, pour des raisons parfaitement compréhensibles, ne pourraient pas pointer sur une carte sans de longues recherches à l'aveuglette. Donc oui, l'Ukraine est effectivement dépourvue d'intérêt pour les Américains. Et si les dirigeants des États-Unis et de l'OTAN avaient reconnu ce fait évident, rien de tout cela ne se serait produit.

En revanche, pour la Russie — avec sa frontière commune de 2000 kilomètres et son histoire de trois grandes invasions par voie terrestre en provenance de l'Occident, dont deux au siècle dernier, et dont la plus récente a causé la mort d'environ 13% de l'ensemble de la population russe — l'Ukraine est le plus vital des intérêts vitaux.

La menace existentielle que la Russie perçoit d'une Ukraine armée, entraînée et militairement intégrée par l'Occident aurait dû être claire pour Washington dès le départ. Vraiment, quelle personne sensée aurait pu croire que déployer un arsenal occidental à la frontière de la Russie ne produirait pas une forte réaction en retour ? Quelle personne sensée aurait pu croire que déployer cet arsenal améliorerait la sécurité américaine ? Et si une incertitude subsistait, elle aurait dû être levée en 2008 lorsque l'ambassadeur des États-Unis en Russie, William Burns, qui dirige maintenant la CIA de M. Biden, a câblé à Washington que, pour la Russie, l'Ukraine était la plus rouge des lignes rouges. Il n'y a pas besoin d'être devin pour comprendre pourquoi. Pourtant, cette réalité transparente semble rester opaque pour de nombreux membres des départements d'État et de la Défense des États-Unis, de l'OTAN et des médias, ainsi que pour le président américain en exercice.

Alors, où cela mène-t-il les citoyens des États-Unis et des pays qui leur sont alliés en Europe ?

Franchement, cela les mène — *nous mène* — dans une très mauvaise situation. C'est une situation qui non seulement est extrêmement dangereuse, exposant le monde entier au danger d'une guerre nucléaire : c'est une situation qui n'a pu être atteinte que par un niveau de stupidité et d'aveuglement du gouvernement américain, et, parmi les dirigeants européens, un niveau de déférence et de lâcheté, que c'en est presque inconcevable. Dans une récente interview, Gilbert Doctorow a été interrogé sur ce que les citoyens américains ont le plus besoin de savoir sur la guerre. Sa réponse fut : "Vos vies sont en danger". Il ajouta :

> M. Poutine a déclaré publiquement qu'il n'envisageait pas un monde sans la Russie. Et si l'intention américaine est de détruire la Russie, alors l'intention américaine sera l'autodestruction.... [Les États-Unis] font face à une menace existentielle de leur propre fabrication. Et la porte de sortie de cette menace est devant le nez de tout le monde . c'est de conclure un accord avec M. Poutine...[48]

Les décideurs politiques à Washington et dans les capitales européennes — ainsi que les médias serviles et lâches qui amplifient sans critique leurs absurdités — se tiennent maintenant en équilibre précaire au bord d'un précipice, jusqu'où ils se sont eux-mêmes avancés. Comment ceux qui ont été assez stupides pour s'approcher si près du gouffre auront-ils la sagesse de revenir en arrière avant d'atteindre le point de basculement et d'emmener le reste d'entre nous avec eux ? C'est difficile à imaginer.

Sources

Tous les liens ont été vérifiés et fonctionnaient au 18 janvier 2024.

1. Chas Freeman, interview, 24 mars 2022 <https://thegrayzone.com/2022/03/24/us-fighting-russia-to-the-last-ukrainian-veteran-us-diplomat/>.
2. Sur la déclaration de M. Poutine du 27 février voir <https://www.armscontrol.org/act/2022-03/news/putin-orders-russian- nuclear-weapons-higher-alert>. Sur les niveaux de Defcon actuels et historiques, avec explication des raisons, voir <https://www.defconlevel.com/> et <https://www.defconlevel.com/history.php>.
3. Avril Haines, témoignage, 10 mai 2022 <https://www.c-span.org/video/?c5014371/us-believes-russian-president-putin-preparing-prolonged-conflict#>.
4. Gilbert Doctorow, interview <https://www.youtube.com/watch?v=CHbHx44ohTE> débutant à 56:30.
5. "NATO Expansion: What Gorbachev Heard." National Security Archive, Université George Washington <https://nsarchive.gwu.edu/briefing-book/russia-programs/2017-12-12/nato-expansion-what-gorbachev-heard-western-leaders-early>.
6. "Deal or No Deal? The End of the Cold War and the U.S. Offer to Limit NATO Expansion." International Security, Vol. 40, No. 4 (Printemps 2016), pp. 7–44 <https://www.belfercenter.org/sites/default/files/files/publication/003-ISEC_a_00236-Shifrinson.pdf>.

7. "Author Chat: Joshua Itzkowitz Shifrinson," 5 Août 2016, Centre Belfer pour la Science et les Affaires Internationales de la Harvard Kennedy School <https://www.belfercenter.org/publication/author-chat-joshua-itzkowitz-shifrinson>.
8. Voir, par exemple: <https://direct.mit.edu/isec/article-abstract/42/1/186/12171/NATO-Enlargement-Was-There-a-Promise> et <https://jackmatlock.com/2014/04/nato-expansion-was-there-a-promise/>.
9. Interview, Douglas Macgregor, 31 mars 2022: <https://scotthorton.org/interviews/3-31-22-colonel-douglas-macgregor-the-us-is-deliberately-ignoring-the-path-to-peace-in-ukraine/> à 18:05.
10. Nyet Means Nyet: Russia's NATO Enlargement Redline", 1 février 2008, câble confidentiel publié sur wikileaks <https://wikileaks.org/plusd/cables/08MOSCOW265_a.html>.
11. Selon une enquête indépendante commandée par l'Union européenne (EU) ("Independent International Fact-Finding Mission on the Conflict in Georgia, Volume I" <https://www.mpil.de/files/pdf4/IIFFMCG_Volume_I2.pdf>), "Les hostilités ouvertes ont commencé avec…une attaque massive d'artillerie géorgienne" [p.19] impliquant des "attaques aveugles des forces géorgiennes" contre des zones peuplées et non militaires utilisant à la fois "des systèmes de lance-roquettes multiples et des pièces d'artillerie" [p. 28]. Le rapport de l'UE a déclaré l'attaque géorgienne illégale [p. 22] et impliquait que l'entrée des troupes russes en Géorgie était peut-être légale en vertu du droit international en réponse à la mort de soldats de la paix russes [p. 23] qui étaient stationnés en Ossétie du Sud par accord international. Dans le même temps, le rapport indiquait que "toutes les parties au conflit — les forces géorgiennes, les forces russes et les forces sud-ossètes — ont commis des violations du Droit international humanitaire et des droits de l'Homme" [p. 26]. Le rapport indiquait également que, bien que l'assaut géorgien ait été un tournant décisif,

il s'inscrivait dans un contexte plus large et complexe, comportant de nombreuses phases et éléments, pour lesquels il n'est pas possible d'attribuer la responsabilité globale à une seule partie [p. 31-32]. Pour plus de contexte, voir Gordon M. Hahn, *Ukraine Over the Edge*, McFarland & Company: Jefferson, Caroline du Nord, 2018, spécialement pp. 106-111; et Richard Sakwa, *Frontline Ukraine*, I. B. Tauris: Londres, 2015, entrées d'index pour "Russo-Georgian war" et "Saakashvili, Mikheil."

12. Interview, Douglas Macgregor, 31 mars 2022, à 17:35, lien ci-dessus.
13. "Why the Ukraine Crisis is the West's Fault," *Foreign Affairs*, septembre/octobre 2014 <https://www.mearsheimer.com/wp-content/uploads/2019/06/Why-the-Ukraine-Crisis-Is.pdf> p. 4. Pour de plus amples informations sur le rôle de l'extrême droite ukrainienne, y compris des néonazis, voir le travail évalué par les pairs d'Ivan Katchanovski, par exemple: "The far right, the Euromaidan, and the Maidan massacre in Ukraine," *Labor and Society*, 2019, pp. 1-25 <https://in-this-together.com/UKC/RS-Maidan.pdf?x38956 > et < https://uottawa.academia.edu/IvanKatchanovski > ou son travail pour le grand public, par exemple "The hidden origin of the escalating Ukraine-Russia conflict: Events of the Maidan massacre shaped one of the most controversial hours in European history since the end of the Cold War," 22 janvier 2022, *Canadian Dimensions* <https://canadiandimension.com/articles/view/the-hidden-origin-of-the-escalating-ukraine-russia-conflict >. Voir aussi Gordon M. Hahn, *Ukraine Over the Edge*, comme ci-dessus, en particulier les chapitres 6 et 7.
14. "U.S.-Ukraine Foundation Presents, Ukraine in Washington 2013, Address by Assistant Secretary of State Victoria Nuland, 13 December 2013" <https://www.youtube.com/watch?v=U2fYcHLouXY>, à 7:45.
15. "'Fuck the EU': US diplomat Victoria Nuland's phonecall leaked — video," *The Guardian*, 7 février 2014 <https://

www.theguardian.com/world/video/2014/feb/07/eu-us-diplomat-victoria-nuland-phonecall-leaked-video> et "Ukraine crisis: Transcript of leaked Nuland-Pyatt call," BBC News, 7 février 2014<https://www.bbc.com/news/world-europe-26079957>. Portant également sur la question des manifestations de Maïdan, une enquête d'opinion publique menée en 2013 par l'USAID en Ukraine a révélé que le désir de s'affilier à l'UE plutôt qu'à la Russie était loin d'être unanime : "37% aimeraient que l'Ukraine prenne des mesures pour rejoindre l'Union européenne, 33% préfèrent l'Union douanière [soutenue par la Russie] et 15% disent que l'Ukraine ne devrait rejoindre aucun de ces blocs. Sur une autre question, 34% disent que l'Ukraine devrait avoir des relations économiques plus étroites avec la Russie, 35% disent qu'elle devrait avoir des relations économiques plus étroites avec l'Europe et 17% disent qu'elle devrait avoir de bonnes relations avec les deux." Extrait de USAID "IFES Public Opinion in Ukraine 2013 Key Findings," p. 3 <https://web.archive.org/web/20220127041803/https://www.ifes.org/sites/default/files/ifes_public_opinion_in_ukraine_2013_key_findings_public.pdf>. Ces résultats d'enquête suggèrent que dans la mesure où les manifestations de Maïdan étaient une réaction au rejet de l'accord d'association avec l'UE, elles représentaient une pluralité mobilisée, et non une majorité, de la population ukrainienne. La majorité de la population souhaitait entretenir des relations commerciales étroites avec la Russie, mais cela était exclu par les termes des accords d'association de l'UE. Sur ce dernier point, voir Stephen F. Cohen, *War With Russia?* Hot Books: New York. 2019/2022, p. 17.

16. Stephen F. *War With Russia?* comme ci-dessus, p. 22. Dans cette citation, j'ai pris la liberté de lisser le texte en supprimant les guillemets de Cohen à "fuite", "gaffe" et "composer de toute pièce". Pour deux brefs chapitres très lisibles dans *War With Russia?* qui discutent des manifestations et du coup d'État et les placent dans le contexte plus large de la

politique étrangère américaine envers la Russie, voir pp. 136-146. Une belle lecture de ce livre est disponible sur Audible (en anglais).

17. "John Mearsheimer on why the West is principally responsible for the Ukrainian crisis," Commentaire invité, 11 mars 2022, *The Economist*, <https://www.economist.com/by-invitation/2022/03/11/john-mearsheimer-on-why-the-west-is-principally-responsible-for-the-ukrainian-crisis>. Pour une excellente conférence vidéo complète par le Dr Mearsheimer, voir "The causes and consequences of the war in Ukraine", donnée à l'Institut Universitaire européen. Florence, Italie, 16 juin 2022, <https://www.youtube.com/watch?v=qciVozNtCDM&t=125s>. La conférence elle-même commence à 10:20 et dure une heure. Le texte intégral de la conférence peut être trouvé à <https://nationalinterest.org/feature/causes-and-consequences-ukraine-crisis-203182>.

18. Congressional Research Service, série "In Focus", 28 mars 2022, "U.S. Security Assistance to Ukraine." La mise à jour du 29 avril 2022 de ce document donne un aperçu de certaines des armes fournies à l'Ukraine <https://crsreports.congress.gov/product/pdf/IF/IF12040?loclr=blogloc>.

19. "MK 41 Vertical Launch System," fiche produit, Lockheed Martin <https://www.lockheedmartin.com/content/dam/lockheed-martin/rms/documents/naval-launchers-and-munitions/MK41-VLS-product-card.pdf>.

20. 11 mars 2022, *The Economist*, comme ci-dessus.

21. 11 mars 2022, *The Economist*, comme ci-dessus.

22. "Rocket Artillery Can Keep Russia Out of the Baltics," Brennan Deveraux, 20 mai 2021, *War on the Rocks* [site web] <https://warontherocks.com/2021/05/rocket-artillery-can-keep-russia-out-of-the-baltics/>.

23. "Communiqué du sommet de Bruxelles, publié par les chefs d'État et de gouvernement participant á la réunion

du Conseil de l'Atlantique Nord tenue à Bruxelles le 14 juin 2021," <https://www.nato.int/cps/en/natohq/news_185000.htm?selectedLocale=fr>, paragraphe 69.

24. "Fact-Sheet — U.S.–Ukraine Strategic Defense Framework August 31, 2021" <https://media.defense.gov/2021/Aug/31/2002844632/-1/-1/0/US-UKRAINE-STRATEGIC-DEFENSE-FRAMEWORK.PDF>.
25. "U.S.-Ukraine Charter on Strategic Partnership," Communiqué de presse, Bureau du porte parole [du Départment d'État américain], 10 novembre 2021<https://www.state.gov/u-s-ukraine-charter-on-strategic-partnership/>.
26. 11 mars 2022, *The Economist*, comme ci-dessus.
27. "An Existential Threat to Europe's Security Architecture?" Anatoly Antonov, 30 décembre 2021, < https://foreignpolicy.com/2021/12/30/russia-ukraine-nato-threat-security/>.
28. 11 mars 2022, *The Economist*, comme ci-dessus.
29. Douglas Macgregor, Interview, 31 mars 2022, comme ci-dessus, 26:28.
30. Parmi de nombreuses autres sources, "U.S. Nuclear Weapons in Turkey, pt. 2," *Jstor Daily,* Matthew Wills, 28 octobre 2019: <https://daily.jstor.org/us-nuclear-weapons-turkey-part-2/>.
31. "Why Intermediate Range Missiles Are a Focal Point in the Ukraine Crisis," Brennan Deveraux, 28 janvier 2022 *War on the Rocks* [site web] <https://warontherocks.com/2022/01/why-intermediate-range-missiles-are-a-focal-point-in-the-ukraine-crisis/>.
32. "A Fateful Error," George F. Kennan, 5 février 1997, *The New York Times* <https://www.nytimes.com/1997/02/05/opinion/a-fateful-error.html>.
33. "Foreign Affairs; Now a Word From X," Thomas L. Friedman, 2 mai 1998, *The New York Times* <https://www.nytimes.com/1998/05/02/opinion/foreign-affairs-now-a-word-from-x.html>.

34. Voir par exemple, "I was there: NATO and the origins of the Ukraine crisis," Jack F. Matlock Jr., *Responsible Statecraft* [site web],15 février 2022, <https://responsiblestatecraft.org/2022/02/15/the-origins-of-the-ukraine-crisis-and-how-conflict-can-be-avoided/>, "Should NATO Grow? A Dissent," Richard T. Davies, 21 septembre 1995, *The New York Review of Books* <https://www.nybooks.com/articles/1995/09/21/should-nato-growa-dissent/>, et ce fil twitter détaillé:: <https://archive.ph/Fllhu>.
35. "'Yes, He Would': Fiona Hill on Putin an Nukes," 28 février 2022, *Politico* <https://www.politico.com/news/magazine/2022/02/28/world-war-iii-already-there-00012340>.
36. Stephen F. Cohen, *War With Russia?*, p. 7, comme ci-dessus.
37. Wikipedia, article intitulé "World War II casualties of the Soviet Union." https://en.wikipedia.org/wiki/World_War_II_casualties_of_the_Soviet_Union#Estimate>.
38. Richard Sakwa, Interview, 5 décembre 2021 <https://soundcloud.com/pushbackshow/war-in-ukraine-nato-expansion-drives-conflict-with-russia>
39. *The New York Times*, Thomas Friedman interview, 2 mai 1998, comme ci-dessus.
40. 11 mars 2022, *The Economist*, comme ci-dessus.
41. "Western Dissent from US/NATO Policy on Ukraine is Small, Yet the Censorship Campaign is Extreme, " Glenn Greenwald, 13 avril 2022 <https://greenwald.substack.com/p/western-dissent-from-usnato-policy?s=r>.
42. Richard Sakwa, *Frontline Ukraine*, comme ci-dessus, p. 4.
43. *The New York Times*, Thomas Friedman interview, 2 mai 42, comme ci-dessus.
44. Pour une discussion spéculative intéressante sur le rôle des facteurs subjectifs dans les relations internationales comme cela pourrait concerner M. Poutine, voir "Inside Putin's Head," Nonzero Newsletter, 8 mars 2022, <https://nonzero.substack.

com/p/inside-putins-head?s=r> et cette interview en podcast associée, "Russia, Putin, and the Psychology of Status (Robert Wright & Steven Ward)," *The Wright Show* (podcast), 24 février 2022 <https://podcasts.apple.com/us/podcast/russia-putin-and-the-psychology-of-status/id505824847?i=1000552544712>.

45. "Vladimir Putin's 20-Year March to War in Ukraine — and How the West Mishandled It," *The Wall Street Journal*, mis à jour le 1 avril 2022 <https://www.wsj.com/articles/vladimir-putins-20-year-march-to-war-in-ukraineand-how-the-west-mishandled-it-11648826461>.

46. Richard Sakwa, interview, 21 avril 2022, *Pushback With Aaron Maté* [podcast et vidéo] <https://www.youtube.com/watch?v=4PBVa4XJEFE>. Le segment pertinent commence à 16:35 et se poursuit jusqu'à la fin de l'interview.

47. Stephen F. Cohen, interview, 13 novembre 2019 <https://thegrayzone.com/2019/11/13/ukrainegate-impeachment-saga-worsens-us-russia-cold-war/>, à 02:00.

48. Gilbert Doctorow, interview, 28 février 2022, *The Tom Woods Show* [podcast] <https://www.youtube.com/watch?v=1c0yYxVIuy0> à 39

Index

"Aegis", système ABM 22, 23, 24
ABM (voir Missiles antibalistiques)
Accord d'association entre l'Ukraine et l'Union européenne 72
Accords bilatéraux 10, 25, 33, 63
Aide militaire 4, 21, 53
Allemagne 13, 43, 48, 49, 57
Apaisement, politique de 7, 57
Archives de la Sécurité Nationale 13, 14
Armes défensives 23
Armes létales 23, 25
Autoritarisme 58, 59

Baltes, pays 13, 24, 58, 63
Biden, administration 4, 26
Biden, Joseph 60, 64, 67
Blinken, Anthony 27
Bruxelles 24
Bucarest, sommet / accord 15, 25, 44
Burns, William J. 16, 17, 26, 67
Bush, George W. 15, 16

Canada 1, 29
Canevas de Défense Stratégique États-Unis–Ukraine 22

Changement de régime 6
Charte États-Unis–Ukraine de Partenariat Stratégique 22
Château de sable, analogie du 39, 63
China 29, 36, 37
CIA 16, 42, 42, 67
Cohen, Stephen F. 2, 18, 48, 65
Commandement et contrôle 37
Complexe militaro-industriel 56
Compromis 3, 7, 32, 64
Confiance 14, 15, 23, 32, 33, 64, 65
Contrôle des armements 30, 35
Corée du Nord 22
Coup d'État en Ukraine 9, 17, 18, 19, 21, 72
Crimée 19, 21, 44, 45
Crise des missiles cubains 31

Démocratie en Russie, développement de la 60
Déni plausible 22
Département d'État 21, 25, 66, 67
Département de la Défense 21, 25
Deveraux, Brennan 2, 36, 37, 38
"Dilemme sécuritaire" 58
Dissuasion 30, 37

Doctorow, Gilbert 2, 6, 68
Donbass 64, 65

Eltsine, Boris 6
Encerclement 16, 59
Endiguement 41, 42
Enquête d'opinion, de l'USAID 72
Escalade 4, 5, 6, 30, 32, 57, 61
Estonie 15, 24, 63
Exercices militaires 9, 10, 17, 24, 25, 26, 29, 30, 59, 63
Expansion de l'OTAN (voir OTAN, expansion de)
Expansionnisme russe 2, 6, 7, 11, 45, 48, 55, 58
Extrême droite, ukrainienne 9, 17, 61, 65, 66, 71

Fasciste (voir Extrême droite)
"Fièvre de la guerre par procuration" 52
FNI (voir Missiles nucléaires à portée intermédiaire)
Freeman, Chas 2, 3, 4

Gates, Robert 43
Géographie, russe 49
Géorgie 15-17, 44–45, 70–71
Géostratégie / géostratégique 65
Glenn Greenwald 56
Gorbatchev, Mikhail 13
Grande-Bretagne, britannique 4, 21, 57
"Guerre de cinq jours" (voir Guerre russo-géorgienne)
Guerre froide 41, 42, 43
Guerre russo-géorgienne 16, 17, 44, 45, 70-71

Guerre thermonucléaire 10, 30 (voir aussi Nucléaire, guerre)

Hill, Fiona 43–49
Hitler, analogie avec 7, 45, 46, 49
Humiliation (voir Psychologie)

Intentions de l'adversaire 11, 22, 23, 24, 29, 30, 57, 59, 60
Interopérabilité avec l'OTAN 10, 21, 25, 59
Interventionnistes libéraux 6
Invasion de l'Ukraine (tout au long de l'ouvrage)
Invasion, vulnérabilité russe à une 5, 48, 49, 59, 67
Iran 22

Katchanovski, Ivan 71
Kennan, George F. 2, 41, 42, 43, 51, 52, 58, 60
Kennedy, John F. 32

Lancement sur alerte 5, 36
Lavrov, Sergueï 26
Lockheed Martin 23

Macgregor, Douglas 2, 15, 17, 31
"Maïdan" (voir Manifestations)
Manifestations 17, 71 Maïdan
Manipulation 59
Manque de respect (voir Psychologie)
Mark-41, lanceurs (voir "Aegis")
Matlock, Jack F. 43
McFaul, Michael 19
McNamara, Robert 42

Index

Mearsheimer, John J. 2, 18, 19, 23, 26, 27, 43, 45, 46, 47, 53
Médias, dominants / occidentaux 5, 17, 18, 52, 56, 68
Menace existentielle 5, 10, 16, 26, 30, 67, 68
Mexique 1, 31
Missiles antibalistiques / traité 9, 15, 21, 22, 35, 37, 38, 39, 63
Missiles nucléaires à portée intermédiaire 9, 10, 23, 35, 36, 37, 39, 63
Monroe, doctrine 1, 30
Moratorium 37, 38, 63
Motivations, russes 6, 7, 39

Néo-fascistes (voir Extrême droite, ukrainienne)
Néo-Nazi (voir Extrême droite, ukrainienne)
Néoconservateurs 6
Neutralité 64, 65
Nitze, Paul 42
Nucléaire, arme / guerre 2, 4-7, 9, 10, 22, 23, 30-32, 35-37, 53, 55, 57, 61-63, 68
Nuland, Victoria 18

Objectifs militaires américains 3, 4, 6, 21, 22, 30
Ossétie du Sud 17, 70
OTAN 1, 8, 39
OTAN, expansion de 1, 8-19, 21, 24-27, 32, 33, 36-39, 41-52, 58-60, 62-65, 66, 67

Perceptions 1, 7, 11, 49
Persister dans l'erreur 11, 51-53
Pessimisme, excès de 11, 55-60
Pipes, Richard 42
Place de l'Indépendance (voir Manifestations)
Politique extérieure américaine 1, 10, 11, 30, 41, 53, 72
Pologne 15, 22, 25, 43, 62
Poutine, Vladimir 4-8, 19, 21, 22, 27, 32, 38, 39, 45, 46-49, 52, 53, 58, 59, 60, 61, 64, 65, 66, 68
Propagande 5, 14, 56
Prophéties auto-réalisatrices 11, 51, 55-60
Provocations, occidentales 7-27, 33, 51, 55, 63
Psychologie 32, 53, 58, 59, 60, 66, 67, 75, 81
Pyatt, Geoffrey 18

Récit / description / thèse 6, 7, 14, 36, 55, 56, 57, 58, 59
"Récit de suspicion" 57
Responsabilité de la guerre 11, 47, 51, 61-68
Revanchisme 19
Révolutions (voir aussi Coups d'État) 30, 42
Roumanie 15, 22, 25, 43, 62
Russophobie / Russophobe 43, 51 53, 56

Sakwa, Richard 2, 49, 58, 65
"Se battre jusqu'au dernier Ukrainien" 4
Sea Breeze, opération 24

79

Seconde guerre mondiale 7, 48, 49, 56, 57
Sécurité nationale russe 21
Séquence causale 8
Shifrinson, Joshua R. 14
"Si les rôles étaient inversés" 10, 29–33
"Si nous avions agi différemment" 11, 61-68
Siège (voir aussi Encerclement) 48, 60
Stratégie de la corde raide 32

Tomahawk, missiles de croisière 9, 22
Tricherie 35, 36
Tromperie, tromper 13, 14, 32
Trump, Donald J. 23, 35
Turquie 31

UE (voir Union Européenne)
Ukraine (tout au long de l'ouvrage)
Ultra-nationalistes (voir Extrême droite, ukrainienne)
Union Européenne 18, 68, 71, 72
Union soviétique 7, 13, 14, 31, 32, 35, 41, 42, 43, 48, 65
URSS (voir Union soviétique)

Varsovie, pacte de 58

Zelensky, Volodymyr 64-66

À propos de l'Auteur

Benjamin Abelow a travaillé à Washington DC. Il a écrit, donné des conférences et milité au Congrès pour la réduction des dangers liés aux armes nucléaires. Il est titulaire d'une licence en histoire européenne de l'Université de Pennsylvanie et d'un doctorat en médecine de l'École de médecine de l'Université de Yale. Ses autres domaines d'intérêt comprennent la psychologie des traumatismes, y compris les traumatismes de guerre. Son livre, *Comment l'Occident a provoqué la guerre en Ukraine,* a été traduit en sept langues, avec des traductions supplémentaires à venir. Pour plus d'informations ou pour contacter l'auteur, veuillez visiter www.benjaminabelow.com.

Note au lecteur

Si vous avez apprécié ce livre, veuillez considérer la possibilité de lui donner une évaluation positive sur Amazon, Barnes & Noble, Goodreads, Indigo, et les autres plateformes liées à l'édition. Pour aider d'autres personnes à trouver le livre, veuillez envisager de partager des informations à propos de celui-ci sur les réseaux sociaux et avec vos réseaux privés. Si vous souhaitez acheter ce livre en quantité pour distribution à votre organisation, veuillez contacter l'auteur via son site www.benjaminabelow.com

www.ingramcontent.com/pod-product-compliance
Lightning Source LLC
Chambersburg PA
CBHW051552010526
44118CB00022B/2673